Mareike Barmeyer
LAUF, MAMA, LAUF!

Mareike Barmeyer

LAUF, MAMA, LAUF!
GESCHICHTEN MIT KINDERN

SATYR
VERLAG

1. Auflage März 2025

© Satyr Verlag Volker Surmann, Berlin 2025
Auerstr. 23-25, 10249 Berlin
www.satyr-verlag.de | info@satyr-verlag.de

Cover: Jussi Jääskelainen, www.kobaia-design.com
Korrektorat: Matthias Höhne
Druck und Bindung: CPI Books, Leck
Printed in Germany

Die Deutsche Nationalbibliothek verzeichnet diese Publikation in der Deutschen Nationalbibliografie; detaillierte bibliografische Daten sind im Internet abrufbar über: http://dnb.d-nb.de

Die Marke »Satyr Verlag« ist eingetragen auf den Verlagsgründer Peter Maassen.

ISBN: 978-3-910775-33-6

Inhalt

EINS: ELTERN

ZWEI: TIERE

DREI: ÜBERSINNLICHES

VIER: MORALISCHE INSTANZ

FÜNF: URLAUB

Für meine Kinder

Vorbemerkung

»Geschichten mit Kindern« heißt dieses Buch im Untertitel und meistens kommen auch ganz offensichtlich Kinder in den Geschichten vor. Wäre auch doof, etwas auf dem Titel zu versprechen, was dann im Buch nicht gehalten wird, finde ich. In vielen Geschichten sind es zwei Kinder, in einigen wenigen ist es nur eines und manchmal sogar gar keines. »Warum das denn jetzt? Doch nur falsche Versprechen?«, fragt sich jetzt die aufmerksam lesende Person. Oft ist es in diesen Geschichten ohne das offensichtliche Kind die erwachsene Person, die wieder zum Kind wird, weil es in diesen Geschichten dann um sie und ihre Eltern geht.

Manchmal sind die Kinder der Ich-Erzählerin klein, manchmal größer und mal ist eines noch gar nicht geboren. In einigen Geschichten ist ihr Freund an ihrer Seite, dann wieder ihr Mann. Alles durcheinander. – Was ist denn da los?

Ganz einfach: Statt den Geschichten eine chronologische Reihenfolge zu geben, habe ich sie in Themenblöcke eingeteilt. (Das ist vielleicht die Akademikerin in mir. Mir hat es sogar in den Fingern gezuckt, Unterthemenblöcke zu erschaffen und Unterunterthemenblöcke, aber das mache ich vielleicht beim nächsten Buch.) Kurz: In den Geschichten handelt es sich also immer um dieselben Kinder und dieselben Eltern, nur eben zu anderen Lebenszeiten und nicht in chronologischer Reihenfolge. Zu Hause habe ich noch mal nachgezählt und da gibt es auch diese zwei Kinder und den einen Mann, zum Glück. Trotzdem sind die Geschichten natürlich alle erfunden.

M. B.

EINS:

ELTERN

Lauf, Mama, lauf!

Es ist kurz vor drei Uhr nachmittags und ich bin auf dem Weg zur Kita, meine Kinder abholen. Beim Eisladen *Isabell* in der Böckhstraße lege ich einen Zwischenstopp ein, um Espresso zu trinken. Ich setze mich auf eine Bank vor dem Eisladen mit Blick auf die Straße. Eine Taube pickt dort an einer zerbrochenen Eiswaffel herum.

Der Eisladen ist wie ausgestorben. Noch. Die roten Plastikwippen für Kinder, die auf dem Gehweg davor stehen, wippen träge in der leichten Nachmittagsbrise. Die Luft flimmert vor Hitze. Wie die Ruhe vor dem Sturm, denke ich. In einer halben Stunde brennt hier die Hütte und alle Eltern, die ihre Kinder aus den gefühlt hundert Kitas, die es in dieser Ecke Kreuzbergs gibt, abholen, werden hier mit ihnen ein Eis essen wollen. Alle gleichzeitig.

Eine Frau mit Kinderwagen lässt sich auf der Bank neben mir nieder. Sie ist ganz außer Puste und verschwitzt. »Wasser«, flüstert sie dem Kellner zu, der im Eingang des Eisladens Ausschau nach den Kinderscharen und ihren Eltern hält.

»Alles in Ordnung?«, frage ich die Frau mit Kinderwagen.

Sie nickt, holt ein nicht mehr ganz sauberes Feuchttuch aus der Wickeltasche und wischt sich damit über die Stirne. Das dreckige Feuchttuch hinterlässt eine leicht gelbliche Schicht und ein Duft macht sich breit. Die Frau mit Kinderwagen neben mir hat sich gerade die Muttermilchkacke ihres im

Wagen liegenden Säuglings auf die Stirne gerieben. Sie hat nichts gemerkt und stürzt das Glas Wasser, das ihr der Kellner bringt, in einem gierigen Schluck hinunter.

»Entschuldigen Sie ...«, sage ich und will sie auf die Muttermilchkacke auf ihrer Stirne aufmerksam machen.

»Lauf, Mama, lauf«, röchelt sie.

»Was?«, sage ich.

»Lauf, Mama, lauf«, sagt sie und wischt sich noch mal mit dem vollgekackten Feuchttuch über das Gesicht. »So heißt das Fitnessprogramm, von dem ich grade komme. Da laufen wir Mamas mit unseren Babys im Kinderwagen durch die Hasenheide.«

»Aha«, sage ich und eigentlich will ich sagen: »Sie haben sich da gerade Kinderkacke ins Gesicht gerieben«, aber ich sage nichts.

»Die Fitnesstrainerin ist eine Sadistin«, sagt sie und fängt an zu weinen. »Man kann ihr die Übungen nie schnell genug machen und dann hatte Finnbar auch noch eingekackert und ich sollte ihn wickeln, während ich gleichzeitig dreißig Kniebeugen mache.« Ich klopfe ihr auf die Schulter.

»Na, na«, sage ich. »Es könnte schlimmer sein«.

Sie schnäuzt sich in das vollkgekackte Feuchttuch und ich verabschiede mich.

Eine halbe Stunde später komme ich wieder am Eisladen vorbei mit meinen beiden Kindern. Vor dem Eisladen warten jetzt ungefähr fünfzig Eltern und Kinder. Wie ein Schwarm Heuschrecken haben sie alle roten Plastikwippen und Bänke auf dem Gehweg besetzt. Wenn man genau hinhört, klingt das kollektive Eisschlecken auch so, als ob da gerade ein Schwarm Heuschrecken ein Maisfeld kahl frisst.

Meine Kinder wollen auch ein Eis und wir stellen uns an das Ende der Schlange, hinter einen Mann mit schwarzer Brille und seinen ungefähr vierjährigen Sohn.

»Ich will ein Schlumpfeis«, sagt meine fünfjährige Tochter.

»Das schmeckt dir doch gar nicht«, sage ich.

»Carolina sagt, dass man von Schlumpfeis blaue Kacke bekommt.«

Der Vater vor mir mit schwarzer Brille dreht sich um und schaut meine Tochter neugierig an.

»Das stimmt nicht«, sage ich. Der Vater dreht sich wieder weg.

»Mäuseeis«, sagt mein zweijähriger Sohn.

»Ich will doch lieber Orange-Basilikum in der Waffel«, sagt meine Tochter.

»Mäuseeis«, sagt mein Sohn.

Wir sind noch lange nicht an der Reihe. Unser Teil der Schlange steht sogar noch nicht mal im Laden drinnen.

»Doch lieber im Becher«, sagt meine Tochter.

»Mäuseeis«, sagt mein Sohn.

Jetzt betreten wir endlich den Laden. Zum Glück harren die Eismänner hinter der Eistheke den ganzen Tag nur auf diesen Moment, auf diese eine Stunde am Tag, wo Hunderte Kinder und Erwachsene gleichzeitig Eis wollen, und die Eismänner sind deshalb sehr schnell und effektiv.

»Ich will Schoko in der Waffel mit bunten Streuseln«, sagt meine Tochter.

»Also kein Schlumpfeis«, sage ich.

Der Vater mit Brille vor mir dreht sich wieder zu uns um und erklärt: »Das ist total schädlich, das Schlumpfeis. Total viel Farbstoff drinne.«

»Davon bekommt man blaue Kacke«, sagt meine Tochter.

»Mäuseeis«, sagt mein Sohn.

Der Vater vor mir ist jetzt mit seinem Sohn dran: »Einmal Spargeleis mit bunten Streuseln in der Waffel«, sagt er, »und mein Sohn nimmt eine Kugel Gurke-Holunder im Becher.«

Draußen höre ich die Heuschrecken schmatzen.

»Der Nächste«, sagt einer der Eismänner hinter dem Tresen und schaut mich an. Ich schaue meine Tochter an: »Und?«

»Ähhhhhm«, sagt sie. »In der Waffel«, sagt sie. Hinter uns drängen sich ungeduldig stöhnend noch mehr eishungrige Massen in den Laden hinein.

»Was denn?«, frage ich.

»Zitrone«, sagt meine Tochter.

»Einmal Zitrone in der Waffel«, sage ich.

»Mäuseeis«, sagt mein Sohn.

»Nein, doch im Becher«, sagt meine Tochter.

»Doch im Becher«, sage ich zum Eismann.

»Mit bunten Streuseln«, sagt meine Tochter.

Der Eismann macht noch bunte Streusel auf ihr Eis und sie geht glücklich mit ihrem Eis nach draußen.

»Mäuseeis«, sagt mein Sohn.

»Einmal Mäuseeis in der Waffel«, sage ich. Das »Mäuseeis« bei *Isabell* ist ein helles Eis, das nach diesen Gummimäusen schmeckt. Noch künstlicher als das Schlumpfeis, aber mein zweijähriger Sohn ist süchtig danach. Das Besondere am Mäuseeis ist, dass man oben auf die Eiskugel normalerweise noch eine kleine Gummimaus bekommt. Normalerweise.

»Gummimäuse sind aus«, sagt der Eismann, als er mir die Waffel mit der Kugel Mäuseeis über den Tresen reicht.

Mein Sohn nimmt die Waffel mit der Eiskugel entgegen

und auf dem Weg aus dem Laden hinaus bemerkt er die fehlende Gummimaus.

»Gummimaus?«, sagt er und schaut mich fragend an. Ich schiebe ihn weiter nach draußen, vorbei an den anstehenden Eltern und ihren Kindern. Ich sehe eine Mutter, die schadenfroh auflacht.

»Gummimaus?«, fragt er noch mal.

Ich schüttle den Kopf.

Er lässt einen markerschütternden Schrei los. »Ich will Gummimaus!«, ruft er. Tränen laufen ihm über sein Gesicht. Rotze läuft ihm aus der Nase und er schleckt eifrig am Eis.

Ich entdecke meine Tochter auf einer halb leeren Bank mit Blick auf die Straße, neben ihr der Vater mit Brille und Spargeleis und davor sein Sohn mit Gurke-Holunder auf einer roten Plastikwippe. Ich hebe meinen Sohn hoch und trage ihn zu den freien Plätzen auf der Bank.

»Ich will Gummimaus«, brüllt mein Sohn. Der Spargeleis-Vater schüttelt missbilligend den Kopf. Das Mäuseeis schmilzt in der Sonne und läuft an der Waffel und an der Hand meines Sohnes hinunter. Ich setze mich mit meinem jetzt hysterischen Sohn neben meine Tochter. Die löffelt ihr Eis und schaut der Taube auf der Straße, die ich vorhin schon beim Espressotrinken beobachtet habe, dabei zu, wie sie den Rest der Eiswaffel aufpickt. Vielleicht ist es inzwischen auch eine andere Taube, denke ich. Der Anblick der Taube scheint meinen Sohn abzulenken. Er hört auf zu schluchzen. »Taube«, sagt er und ich nutze den Moment und lecke einmal rund um seine Eiswaffel herum, um die Mäuseeisschmelze ein wenig zu stoppen. Es schmeckt salzig. Ich vermute, hier mischt sich Mäuseeis mit flüssigem Rotz aus dem nassen Rüssel meines Sohnes. Vergeblich suche ich nach einem

Taschentuch in meiner Handtasche. Unbeeindruckt von meinen Bemühungen verteilt mein Sohn weiter Mäuseeis in seinem Gesicht, auf der Jacke und nun auch auf meiner Handtasche. Ich denke an das nicht mehr saubere Feuchttuch der Mutter von vorhin. Der Gurke-Holunder-Sohn wippt vor uns hin und her. Der Spargeleis-Vater lächelt böse.

»Ich will Gummimaus«, schluchzt mein Sohn erneut. Ein Auto fährt vorbei und wir hören ein lautes Plopp. Federn fliegen, Blut spritzt.

»Taube?«, fragt mein Sohn.

Meine Tochter rennt mit allen anderen umstehenden Kindern zur Straße: »Ivan, zurück von der Straße!«, ruft der Vater mit dem Spargeleis seinem Sohn zu. Ivan fällt vor Schreck der Rest Gurke-Holunder aus der Hand.

»Das Auto ist über die Taube gefahren«, sagt meine Tochter. »Die Taube ist geplatzt«, sagt sie.

»Mörder«, brüllt der Vater mit dem Spargeleis und wischt seinem Sohn Ivan ein wenig Blut von der Backe. »Tierquäler«, ruft eine andere Stimme und ein zustimmendes Gemurmel läuft durch die Menge vor dem Eisladen.

Wir schauen alle dem schuldigen Auto dabei zu, wie es nur wenige Meter vom Unfallort entfernt einparkt. Die Fahrertür öffnet sich und die Mutter mit dem schmutzigen Feuchttuch von vorhin steigt aus. Sie dreht sich zu den starrenden, eisessenden Kindern und Eltern vor dem Eisladen *Isabell* und zeigt uns den Stinkefinger. An den Reifen ihres Autos kleben noch ein Paar Federn.

Warum ich eine schlechte Mutter bin

Ich bin eine schlechte Mutter.

Ich bin wirklich eine schlechte Mutter.

Mein Sohn ist Waffenfanatiker. Ich hasse Waffen und weiß gar nicht, woher dieser Waffenfanatismus kommt.

Mein Sohn ist inzwischen vier Jahre alt. Am liebsten spielt er mit seinem Holzschwert.

»Aber wenn du jemanden damit haust, nehme ich es dir weg«, sage ich. Das ist natürlich völliger Unsinn, weil: Wozu sollte man ein Holzschwert haben, wenn man nicht jemanden damit hauen kann. Und natürlich haut mein Sohn immer irgendjemanden, meistens seine große Schwester, und natürlich nehme ich ihm dann sein Holzschwert immer weg und lege es auf den Schrank.

Einmal die Woche dürfen die Kinder Spielsachen mit in die Kita nehmen. Früher hat mein Sohn immer sein Holzschwert mitgenommen und ich habe mich immer mit den mahnenden Worten in der Kita von ihm verabschiedet: »Aber tu niemand damit weh.« Schon bevor ich die Kita verlassen habe, hatte sein Freund Finn-Sebastian meistens eine blutige Nase. Ich habe mich dann schnell rausgeschlichen. Und wenn Finn-Sebastians Vater angerufen hat, bin ich nie drangegangen.

Vor ein paar Wochen habe ich meinem Sohn gesagt, es gäbe in der Kita jetzt ein Waffenverbot und er dürfe gerne den Stoffaffen oder ein Buch mitbringen, nicht aber sein Schwert. Das war gelogen.

»Warum darf Finn-Sebastian dann immer noch seine Pistole mitbringen?«, fragt mein Sohn.

»Finn-Sebastians Vater hat nicht richtig zugehört«, sage ich. »Das passiert uns Erwachsenen auch manchmal.« Schwächen zeigen, Fehlbarkeit eingestehen, pädagogisch wertvoll, denke ich stolz und habe fast kein schlechtes Gewissen, dass ich meinen Sohn wegen des Waffenverbots angelogen habe.

Das Waffenverbot scheint zu funktionieren. Allmählich verliert mein Sohn das Interesse am Holzschwert und all den anderen unzähligen Waffen in unserer Wohnung. Wie es dazu kommt, dass wir so viele Waffen haben, ist mir schleierhaft. Es kommt jetzt sogar öfter vor, dass niemand in der Familie mehr weiß, wo sich das Holzschwert gerade befindet, also auf welchem Schrank wir es als Sanktionsmaßnahme abgelegt haben, weil einfach nicht mehr so oft danach gefragt wird. Waffenruhe kehrt ein.

Jede Woche werfe ich heimlich eine von den Plastikpistolen, Streitäxten oder Messern in den Müll, ohne dass es mein Sohn merkt oder die Waffen vermisst. Nur selten fragt er: »Mama, wo ist denn eigentlich diese Armbrust hin, die ich mal hatte?« »Ach, die war doch kaputt«, lüge ich dann oder: »Keine Ahnung. Hast du wahrscheinlich verloren.« Meistens gibt er sich damit zufrieden.

Meine Tochter ist acht und eines Tages erwischt sie mich dabei, wie ich gerade ein Dinosaurier-Betäubungsgewehr in den Plastikmüll quetsche. »Mama«, brüllt meine Tochter. Ich kaufe ihr ein Schleichpferd mit Reiter, damit sie mich nicht verpetzt.

Als ich mich heute Morgen von meinem Sohn in der Kita

verabschiede und ihn stolz dabei beobachte, wie er sich mit Jann-Luca seinen mitgebrachten Kompass anschaut, klingelt mein Handy.

Finn-Sebastians Vater ist dran: »Finn-Sebastian möchte sich gerne mit deinem Sohn morgen zum Schwert- und Schilderkampf verabreden«.

»Was?«, frage ich.

»Finn-Sebastian möchte sich gerne morgen mit deinem Sohn zum Schwert- und Schilderkampf verabreden«, sagt Finn-Sebastians Vater.

»Ähm«, sage ich. »Eigentlich bin ich ganz froh, dass sich mein Sohn gerade nicht so sehr für sein Schwert interessiert. Und eigentlich darf er ja gar nicht mit Menschen kämpfen, sonst nehme ich ihm sein Schwert weg«, sage ich und merke, wie idiotisch das klingt.

»Deshalb hat Finn-Sebastian ja auch kein Schwert«, sagt Finn-Sebastians Vater, »sondern nur einen Schild.«

»Ich habe meinem Sohn gesagt, dass Waffenverbot in der Kita herrscht.«

»Du hast ihn angelogen?«, fragt Finn-Sebastians Vater.

Widerwillig lasse ich mich schließlich auf die Verabredung zum Kämpfen ein. Unter der Bedingung, dass der Kampf draußen stattfindet. Draußen in unserem neuen Garten.

Seit ein paar Wochen haben wir einen Schrebergarten mitten in der Stadt. Mit einer Hütte drauf und Obstbäumen und Beerensträuchern und einem Trampolin und viel Platz zum Kämpfen.

Seit wir den Garten haben, merke ich, wie teuer Pflanzen doch eigentlich sind, und ich sehe überall in der Stadt herrenlose Pflanzen herumstehen. So auch bei uns im Hinterhof. Dort steht ein wunderschöner Oleander und ein hässlicher

Ficus benjamini. Ich bin mir sicher, dass sie dort jemand einfach stehen gelassen hat, weil es zu umständlich war, mit ihnen umzuziehen. Schon seit Wochen liebäugle ich damit, den Oleander einfach in meinen Fahrradanhänger zu packen und mit in den Garten zu nehmen.

Meine Tochter meint, ich solle erst mal ein Schild dranhängen und fragen, ob der Oleander jemandem gehört, und dann abwarten, bevor ich ihn einfach mitnehme. Sie hat wahrscheinlich recht. Und der Oleander ist wirklich zu groß und zu schwer zum Transportieren.

Letzte Woche tauchte im Hinterhof auch ein Topf mit einem sehr zerrupften Grasbüschel auf. Ein Schild mit der Artbezeichnung steckte noch im Topf: »Blutgras«, stand drauf.

»Habe ich noch nie gehört«, habe ich zu meiner Tochter gesagt. »Das ist interessant, das nehmen wir mit in den Garten.«

Das Grasbüschel sah so erbärmlich aus und war viel leichter zu transportieren als der Oleander, auch deshalb habe ich es mitgenommen und bei uns im Garten eingepflanzt.

Als ich meinen Kindern nach der Kita später im Hinterhof beim Fahrradabsperren von dem geplanten bevorstehenden Kampf mit Finn-Sebastian am nächsten Tag erzähle, ist mein Sohn gar nicht begeistert. Er möchte viel lieber mit Jann-Luca Forscher spielen.

»Dann sage ich Finn-Sebastian für morgen ab«, sage ich zu meinen Kindern. Sie nicken. Ich rufe Finn-Sebastians Vater noch im Hinterhof vom Handy aus an. »Leider ist uns doch etwas dazwischengekommen«, sage ich. »Tut mir total leid, dass wir den Kampf jetzt so kurzfristig absagen müssen.« Meine Tochter verdreht die Augen. Sie mag es gar nicht, wenn ich lüge.

»Ich habe kein Problem mit dem spontanen Absagen«, sagt

Finn-Sebastians Vater. »Finn-Sebastian aber schon.« Dann legt er auf.

Als ich meinen Sohn am nächsten Tag von der Kita abhole, hat er eine dicke Beule auf der Stirne.

»Finn-Sebastian hat mir mit seinem Schild auf den Kopf gehauen«, erklärt mein Sohn. »Ich will auch einen Schild haben.«

»Schilde sind in Deutschland verboten«, sage ich und schnappe mir heimlich Finn-Sebastians Schild aus seinem Kitafach. Zu Hause im Hinterhof will ich es in der Restmülltonne verschwinden lassen, während beide Kinder mit Fahrradabsperren beschäftigt sind, aber die Tonne ist übervoll. Ich schaffe es gerade noch, den Schild in die Tonne für Papiermüll zu quetschen, als unser Nachbar aus dem Hinterhaus in den Hof tritt.

»Haben Sie gerade einen Plastikschild in die Papiertonne geworfen?«, fragt er.

»Natürlich nicht«, sage ich.

Meine Tochter wirft mir einen skeptischen Blick zu.

Unser Nachbar aus dem Hinterhaus hat ein Lastenfahrrad und bastelt und baut immer an irgendetwas herum. Außerdem sammelt er Sachen. Oft sieht man ihn mit dem Lastenfahrrad voll gesammelter Dinge durch den Kiez fahren. Wenn jemand über den herrenlosen Oleander in unserem Hinterhof Bescheid weiß, denke ich plötzlich, dann sicher er.

»Wissen Sie, ob der Oleander da jemandem gehört?«, frage ich ihn jetzt. Er schaut mich etwas irritiert an.

»Ich dachte, ich könnte ihn mir sonst nehmen«, sage ich. »Für meinen Garten.«

»Vielleicht hat den Oleander jemand rausgestellt, um ihm eine Frischluftkur zu gönnen«, sagt mein Nachbar.

»Vielleicht«, sage ich und meine Tochter nickt bekräftigend mit dem Kopf. »Siehst du«, will sie mir damit sagen.

»Mir ist was Komisches passiert neulich«, sagt der Nachbar aus dem Hinterhaus. »Ich habe so eine Pflanze gekauft, Blutgras hieß die. Hatte ich noch nie vorher gehört. Fand ich interessant«, sagte er.

Mir wird heiß.

»Die habe ich nur einen Tag hier an die frische Luft gestellt und weg war sie. Hat einfach jemand mitgenommen«, sagt er und schüttelt den Kopf.

Ich schiele zu meiner Tochter rüber. Sie schaut weg.

Jetzt heißt es das moralisch Richtige tun. Ich muss ihm gestehen, dass ich das Blutgras mitgenommen habe. Ich muss mich entschuldigen und damit hat sich dann die Sache. Und ganz wichtig: Ich muss das alles vor meinen Kindern machen, damit sie sehen können, wie man mit einer solchen Situation kompetent umgeht.

»Sachen gibt's«, sage ich, nehme die Kinder an die Hand und gehe ins Haus.

Ich bin wirklich eine schlechte Mutter.

Wie auf Drogen – nur ohne

Es ist warm draußen und ich bringe meinen Sohn immer öfter mit seinem Laufrad in die Kita. Die liegt im Graefekiez. Wir wohnen im Bergmannkiez. Ein kurzer Fahrtweg, wenn mein Sohn hinten auf dem Kindersitz sitzt. Anders sieht es aus, wenn er selbst mit seinem Laufrad fährt und ich nebenher auf meinem Fahrrad fahre. »Schleichen« passt hier besser als »Fahren«. Es gibt einfach zu viel zu gucken auf dem Weg.

»Mama, schau mal«, brüllt mein Sohn und bleibt schon nach nur wenigen Metern stehen. Wir haben gerade das Haus verlassen und sind in die Gneisenaustraße abgebogen. Dort steht ein Fahrzeug mit einer beweglichen Leiter auf dem Dach.

»Mama, schau mal, die Leiter«, brüllt mein Sohn.

Auf der Leiter steht ein Mann mit Kettensäge und sägt einen dicken Ast ab.

»Wrummmmmmm«, macht die Kettensäge.

»Mama!«, brüllt mein Sohn. Seine Stimme überschlägt sich vor Begeisterung: »Mama, was macht der Mann da?!«

»Er sägt!«, brülle ich zurück.

»Wrummmmmmmm«, macht die Kettensäge.

»Was?«, brüllt mein Sohn.

»Er sägt einen Ast ab!«, brülle ich.

»Wrummmmmmmm«, macht die Kettensäge.

»Einen was?«, brüllt mein Sohn.

»Einen Ast«, brülle ich.

Die Kettensäge stoppt und der dicke Ast fällt runter auf die Straße.

Wir fahren weiter.

Nach etwa hundert Metern hält mein Sohn erneut an. »Eine Müllabfuhr!«, brüllt er.

Und tatsächlich hat auf der gegenüberliegenden Seite der Gneisenaustraße eine orange Müllabfuhr haltgemacht. Zum Glück auf der gegenüberliegenden Seite. Ich habe nämlich im letzten halben Jahr bestimmt insgesamt zehn Stunden vor Fahrzeugen der Müllabfuhr verbracht. Neben meinem Sohn. Ich weiß jetzt genau, wie so eine Müllabfuhr funktioniert: Wo sich die Hebel und Knöpfe befinden, mit denen man die Hebemechanismen für die Mülltonnen und die Zusammen-quetschanlage hinten im Laderaum bedient. Ich habe auch verschiedenste Systeme beobachten können, wie die Müll-tonnen auf die Straße gestellt werden, mit wie viel Vorlauf zum Fahrzeug und von wem. Und auch auf welche Weise die Müllmänner die Mülltonnen wieder zurück in die Hinterhöfe stellen. Ich weiß auch, dass sie Schlüssel für alle Häuser be-sitzen und dass sie Pfandflaschen und andere Gegenstände aufheben.

Mit einem Dreijährigen in seinem Tempo durch die Stadt zu laufen, ist ein bisschen so, wie auf Pilzen zu sein.

Als ich vor fünfzehn Jahren mit einem Freund in Nord-wales Pilze genommen habe, haben wir nichts Besonderes gemacht. Wir sind einfach spazieren gegangen. Eine Strecke, die wir schon hundertmal gelaufen waren. Und alles war neu: Alles war größer und hat mehr geglänzt. Mir sind damals Zu-sammenhänge klar geworden, über die ich vorher noch nie nachgedacht hatte. Und danach auch nie wieder. Die Welt war wie verwandelt.

Mein Sohn ist inzwischen wieder auf sein Laufrad gestiegen und fährt gerade äußerst gefährlich an einem Hundehaufen vorbei. »Pass auf die Hundekacke auf!«, rufe ich ihm zu. Er hat die Kacke zum Glück geschickt umschifft. Das kann er wirklich gut.

Ich hasse die Gneisenaustraße, genau wegen ihrer Hundehaufen. Der Fahrradweg, der auf den Südstern zuläuft, ist gesäumt mit Hundehaufen am rechten Rand. Immer. Und es sind riesige Hundehaufen. Riesig und immer etwas rötlich. Ich könnte mir vorstellen, dass solche Hundehaufen nur von einer sehr großen Dogge stammen können. Und ich verstehe auch, warum das Herrchen oder Frauchen sie nicht wegmacht. Ganz davon abgesehen, dass ich Hundekacke so ziemlich das Allerekeligste finde, das es gibt, und ich schon beim Gedanken an diesen Handgriff in der Plastiktüte zum Häufchen-Aufheben würgen muss, bräuchte man für diese rotbraunen Hundehaufenberge schon eine richtige Einkaufstüte und wahrscheinlich müsste man auch mit beiden Händen zupacken, um ihr Gewicht zu stemmen. Deshalb bleiben sie auch immer dort liegen, bis das Hundekacke-Staubsauger-Gefährt vorbeikommt. Auch diesem Fahrzeug haben wir natürlich schon ausgiebig bei der Arbeit zugeschaut, ich und mein Sohn. Sehr interessant. Man darf nur nicht den Fehler machen, sich hinter das Fahrzeug zu stellen. Die ganzen Gerüche, die vorne mit dem Rüssel eingesaugt werden, werden da irgendwo hinten nämlich rausgeblasen. In hochkonzentrierter Form.

Endlich haben wir die Gneisenaustraße hinter uns und biegen in die Körtestraße ein. Mein Sohn ist wieder stehen geblieben. »Mama«, brüllt er. »Ist das Hundekacke?«

Er hebt eine verkrustete Kastanie vom letzten Herbst hoch.

»Nein«, sage ich. »Das ist eine Kastanie.«

Fasziniert dreht mein Sohn die Kastanie in seiner Hand herum. Dann leckt er schnell an der Kastanie. »Schmeckt auch nicht nach Hundekacke«, sagt er.

Vor der Evangelischen Vorschule bleibt er wieder stehen und hebt erneut etwas vom Boden auf. »Mama«, brüllt er. »Ist das Hundekacke?« Er hebt eine Nacktschnecke in die Höhe. Die Farbe ist ungefähr die gleiche wie die von den riesigen Hundehaufen auf der Gneisenaustraße.

»Das ist eine Nacktschnecke«, sage ich.

»Nacktschnecke«, sagt mein Sohn und ich kann sie ihm gerade noch aus der Hand nehmen, bevor er daran lecken kann.

Ich habe schon einmal aus Versehen eine Nacktschnecke im Mund gehabt. Die Nacktschnecke war nur ganz klein gewesen und hatte sich unter einem Salatblatt versteckt, das ich mir auf die Gabel und dann in den Mund gesteckt habe. Das Schlimmste dabei war der Schleim, den die Schnecke abgesondert hat. Der ließ sich nur sehr schwer von meiner Zunge entfernen. Ich solle mich nicht so anstellen, hatte meine Mutter damals gesagt. Sie war es gewesen, die den Salat gewaschen hatte. In Frankreich wären Schnecken eine Delikatesse.

Mein Sohn zieht sehr laut die Nase hoch und die kleine gelbgrüne Rotzeraupe, die gerade noch aus seinem linken Nasenloch geschaut hat, verschwindet.

Ein Freund hat mir davon erzählt, wie er das erste Mal Austern gegessen hat: Es hätte sich so angefühlt, als ob man einen Klumpen fischige Rotze herunterschlucken würde.

Ich habe in Mexiko mal eine sehr leckere Fischsuppe gegessen. Mit Fischstücken und Garnelen drinnen. Auf einmal hatte ich ein sehr großes Pfefferkorn im Mund. Es kam mir dann aber doch zu groß für ein Pfefferkorn vor, und weil ich wissen wollte, was es war, habe ich es zurück auf meinen Löffel gespuckt: Es war ein gekochtes Fischauge. Ich habe das Auge dann nicht gegessen, obwohl mein Bruder meinte, es wäre wirklich ganz lecker. Es hätte eine knackige Konsistenz gehabt.

Nach weiteren Stopps vor einem herumliegenden Blatt, das aussieht »wie ein brauner Schmetterling«, einer toten Taube und diversen Spuckepfützen auf dem Bürgersteig, von denen mein Sohn behauptet: »Mama, die glitzern so schön!«, kommen wir endlich bei der Kita an. Wir sind beide völlig erschöpft.

Auf dem Rückweg ertappe ich mich dabei, wie ich geschlagene fünf Minuten einem Getränkelieferanten dabei zuschaue, wie er Getränkekisten aus seinem Lastwagen auslädt. Auf der Gneisenaustraße begegne ich einem sehr dünnen Mann mit einer riesigen Dogge und einer sehr großen Plastiktüte in der Hand.

Auf Pilzen ist das so: Man weiß, man kommt nach ein paar Stunden wieder runter. Bei einem Kind erst nach ein paar Jahren, hoffentlich.

Kein Wunder, dass kleine Kinder immer so oft krank sind

»Stell dich schon mal darauf ein«, sagt meine Freundin: »Wenn deine Tochter in die Kita kommt, dann ist sie dauernd krank.«

Meine Freundin ist gerade mit ihrem fast einjährigen Sohn zu Besuch, um mir und meinem neugeborenen Kind ungefragte Ratschläge zu geben.

»Die nehmen einfach jede Krankheit mit«, sagt meine Freundin. »Und in der Kita haben ja alle ständig so Rotznasen. Und Hans-Ludwig liebt es, den anderen Kindern an der Nase rumzulecken«, sagt sie.

»Igitt«, sage ich.

»Die machen noch ganz andere Sachen«, sagt meine Freundin.

»Ich war in einem antiautoritären Kindergarten«, sage ich. »Und meine Mutter hat mir erzählt, dass es in unserem Kindergarten die Philosophie gab, dass ein Teelöffel Dreck am Tag sogar gesund wäre.«

»Das sagt man heute auch wieder«, sagt die Freundin.

»Mein älterer Bruder hat die antiautoritäre Erziehung noch ganz ungefiltert abbekommen«, sage ich. »Der durfte alles.«

»Das darf Hans-Ludwig auch«, sagt meine Freundin.

»Mein Bruder hat mit fast zwei Jahren angefangen, hinter die Küchentür zu kacken«, sage ich.

Meine Freundin schaut besorgt auf ihren Sohn, der an der Küchentür steht.

»Hans-Ludwig ist schon trocken«, sagt sie stolz. »Keine Windeln mehr.«

»Aber weil mein Vater bis heute immer mit Zeitung aufs Klo geht, hat mein Bruder damals immer zuerst die neuste Ausgabe der *Süddeutschen Zeitung* sorgfältig hinter der Küchentür ausgebreitet und dann erst draufgekackt«, sage ich.

Hans-Ludwig fällt um.

»Fein gemacht, Hans-Ludwig. Und jetzt steh wieder auf«, sagt meine Freundin.

»Das ging wohl ein ganzes Jahr so«, sage ich.

»Und ist er unordentlich?«, fragt die Freundin.

»Ja.«

»Und kann er nicht mit Geld umgehen?«, fragt sie.

»Ja.«

»Typische Störung in der analen Phase«, sagt sie.

Hans-Ludwig ist wieder aufgestanden. Meine Freundin klatscht begeistert in die Hände.

»Ich habe einmal im Kindergarten Pfützenwasser getrunken, als Mutprobe«, sage ich.

»Ich habe einen Regenwurm gegessen«, sagt meine Freundin.

Hans-Ludwig leckt ein bisschen am Türrahmen herum.

»Ich habe mit fünf Jahren hinter dem Bauwagen in unserem Kindergarten mit meinem Freund Benni Stöcke geraucht«, sage ich.

»Woher hattest du die Streichhölzer?«, fragt sie.

»Von zu Hause«, sage ich. »Mein Vater hat damals sechzig Lord Extra am Tag geraucht«, sage ich. »In der Wohnung.«

Hans-Ludwig hustet.

»Das macht man heute nicht mehr«, sagt meine Freundin. »Das Passivrauchen schadet, das weiß man ja.«

»Ich hatte mit sechs Jahren eine Klavierlehrerin«, sage ich, »die hat auch Kette geraucht. Frau Pampe hieß sie. Sie kam zu uns nach Hause. Meine Eltern haben ihr einen Aschenbecher hingestellt und sie hat die ganze Klavierstunde über geraucht.«

Hans-Ludwig hustet noch mal. Seine Augen sind leicht glasig.

»Ich habe oft Bronchitis gehabt als Kind«, sage ich. »Sehr oft.«

»Du hast doch auch mal sehr viel geraucht, oder?«, fragt meine Freundin.

»Ja«, sage ich.

»Hattest du einen Schnuller als Kind?«

»Ich hatte eine Schnullerkette mit ungefähr zehn Schnullern dran«, sage ich.

Meine Freundin nickt verständnisvoll. »Hans-Ludwig hatte nie einen Schnuller«, sagt sie. »Ich bin mir sicher, dass deine Nikotinsucht auch was mit deiner Kindheit zu tun hat.«

Ich schaue auf ihren Sohn, der die Küche in Richtung Badezimmer verlässt.

»Typische Störung in der oralen Phase«, sagt sie.

Ich blicke ihrem Sohn hinterher.

»Nicht bei ihm, bei dir«, sagt meine Freundin. »Hans-Ludwig geht jetzt allein aufs Klo.«

Ihr Handy klingelt. Sie nimmt ab und geht ins Wohnzimmer zum Sprechen. Ich schleiche mich ins Badezimmer, um einen Blick auf den einjährigen Hans-Ludwig zu erhaschen, wie er aufs Klo geht.

Der kleine Hans-Ludwig sitzt vor dem Klo, hat die Klobürste in der Hand und putzt sich damit die Zähne.

Ich warte eine halbe Minute, bevor ich ihm die Klobürste wegnehme. Ich trage ihn ins Wohnzimmer. Meine Freundin beendet das Gespräch und schaut uns fragend an.

»Du, dein Kind hat gerade an der Klobürste geleckt«, sage ich. »Ich konnte ihn leider nicht mehr davon abhalten.«

»Macht nix«, sagt sie und gibt Hans-Ludwig einen dicken Kuss auf den Mund. »Vorige Woche habe ich ihn dabei erwischt, wie er das Klobürstenwasser getrunken hat. Das ist ganz typisch für die anale und orale Phase.«

Wie J.K. Rowling

Wer sagt, dass Kinder abends einfach einschlafen, lügt.

Jeden Abend treiben sie mich zur Weißglut. Eigentlich sollte doch diese Einschlafzeit eine heilige Zeit sein, eine, in der sich alle kuschelig und geborgen fühlen. Aber meistens läuft es darauf hinaus, dass mein Mann oder ich eine geschlagene Stunde neben dem Bett der Kinder sitzen und darauf warten, dass sie einschlafen.

Selbst nicht einschlafen zu können, ist nervig, aber jemandem dabei zuzuschauen, wie er nicht einschlafen kann, ist beinahe unerträglich.

»Hör doch mal auf zu zappeln«, sage ich.

»Ich zapple gar nicht«, sagt meine Tochter. »Ich kann nur nicht einschlafen.«

»Durst«, sagt mein Sohn.

Ich sitze auf dem Boden, mit dem Rücken an das Bett meines Sohnes gelehnt, der unten im gemeinsamen Stockbett der Kinder schläft. Es ist ein sehr schönes Stockbett. So eines, dass viele Menschen mit Kindern haben. Eines mit Steuerrad am Geländer des oberen Betts und einer Art Mast, von dem man ein Seil oder eine Schaukel herunterhängen kann. Bei uns hängt dort ein Seil mit einem dicken Knoten, auf dem man schaukeln kann. Damit ich nachts beim Wasserbringen oder Kinder-ins-Elternbett-Begleiten nicht aus Versehen gegen den dicken Knoten renne, ist das Seil einmal über den Querbalken geworfen und erinnert jetzt, im dämmrigen Zimmer, an einen Galgen. Gruselig, finde ich. Die Kinder wissen aber zum Glück noch nicht, was ein Galgen ist, und finden es deshalb nicht gruselig.

»Durst«, sagt mein Sohn noch mal und haut mir mit seinem Stoffaffen auf den Kopf. Ich stehe auf, hole den Becher Wasser, der im Regal nebendran steht, und reiche ihm den. Er trinkt.

Dann nehme ich ihm den Becher wieder ab und stelle ihn weg. Mein Sohn legt sich hin, ich setze mich wieder und lehne meinen Rücken an sein Bett. Ich schlage mein Buch auf und schalte die Taschenlampe an. »Der Verwesungsgrad der männlichen Wasserleiche war nicht auf Anhieb ersichtlich«, lese ich leise für mich. Das ist nämlich mein Trick und die einzige Möglichkeit, dass ich es schaffe, über 45 Minuten dabeizusitzen, während die Kinder einschlafen: Ich lese Krimis. Je blutrünstiger, desto besser.

»Durst«, kommt es jetzt aus dem oberen Stockbett.

Ich stehe auf und gebe meiner Tochter den Becher mit Wasser. Als ich den Becher wieder zurückgestellt und mich an das Bett gesetzt habe, fängt mein Sohn an, meinen Hals zu streicheln. Seit einiger Zeit schläft er nur ein, wenn er meinen Hals streicheln kann. Das klingt kuscheliger, als es ist. Er streichelt nämlich sehr heftig, sodass ich oft beinahe keine Luft mehr bekomme. Ich lasse ihn trotzdem weiterstreicheln, seit eine Freundin angemerkt hat, dass diese Art von abendlicher Massage vielleicht mein Doppelkinn reduzieren könnte. Fallen solche Gedanken schon unter Kindesmissbrauch?, frage ich mich.

Jetzt knibbelt mein Sohn an einem Leberfleck am Hals. Das ist wirklich sehr unangenehm. »Hör auf«, zische ich.

»Aber ich streichel dich doch nur«, sagt er und ich kann die Tränen in seiner Stimme hören. Ich lasse ihn weiter knibbeln.

Von oben höre ich plötzlich merkwürdige Ploppgeräusche.

»Hör sofort auf«, sage ich zu meiner Tochter.

Ich sitze schon gefühlte Stunden in der Dunkelheit und keines der Kinder macht auch nur den Anschein, als ob es gleich einschlafen würde.

»Hör mal«, sagt meine Tochter laut und ploppt wieder. »Ich kann's jetzt«, sagt sie stolz, ihren Finger im Mund.

»Du hörst sofort auf damit und schläfst jetzt«, brülle ich.

»Du bist so gemein«, brüllt meine Tochter und vergräbt sich unter ihrer Decke. Ich höre sie trotzdem schluchzen.

»Durst«, sagt mein Sohn.

»Haltet jetzt endlich eure Klappe und schlaft!«, brülle ich und renne aus dem Zimmer. Drinnen heulen beide Kinder auf.

Mein Mann kommt in den Flur und sagt: »Denk an J.K. Rowling.« Ich werfe ihm hasserfüllte Blicke zu. »Die war sogar alleinerziehend«, sagt er und ich gehe wieder ins Kinderzimmer.

»J.K. Rowling«, flüstere ich voller Verachtung und setze mich wieder ans Bett.

»Der Verwesungsgrad der männlichen Wasserleiche war nicht auf Anhieb ersichtlich«, lese ich jetzt laut. »Die Schädeldecke war halb zertrümmert und dort, wo mal die Nase gewesen war, klaffte ein dunkles Loch«, lese ich laut.

»Mama«, kommt es ganz leise von oben.

»Nichts«, knurre ich und höre auf zu lesen.

Die Sache ist nämlich so: Ich liebe »Harry Potter«. Aber ich hasse J.K. Rowling.

J.K. Rowling hat angeblich ihre ersten »Harry Potter«-Bücher in einem Café geschrieben, während sie von Arbeitslosengeld gelebt hat. Es wären die Geschichten gewesen, die sie ihrem damals siebenjährigen Sohn zum Einschlafen erzählt hat. Nicht nur, dass sie sich offensichtlich jeden Abend die Zeit genommen hat, ihren Sohn liebevollst ins Bett zu bringen, sie hat ihm nicht wie jede Normalsterbliche Gutenachtgeschichten vorgelesen, nein, sie hat gleich welche für ihn erfunden!

Die Streberin hat ihre Zeit genutzt und hat sich dabei auch noch voller Liebe und Geduld um ihr Kind gekümmert.

Ich hasse sie.

»Und warum nutzt du die Zeit nicht einfach genauso?«, fragt mein Mann, als ich eine Stunde später endlich aus dem Kinderzimmer herauskomme. Er meint die Zeit, die ich neben dem Bett sitze und lese. Wir wechseln uns immer ab mit dem Kinder-ins-Bett-Bringen und er macht seine Gymnastikübungen dabei. Inzwischen sieht er wirklich sehr fit aus. Vielleicht hat er recht. Vielleicht kann aus mir auch noch eine echte J.K. Rowling werden.

»Mr. und Mrs. Dursley im Ligusterweg 4 waren stolz darauf, ganz und gar nicht normal zu sein, sehr stolz sogar«, fange ich am nächsten Abend an. »Niemand wäre auf die Idee gekommen, dass sie sich in rein gar keine merkwürdigen oder geheimnisvollen Geschichten verstricken würden. Aber so war es«, sage ich. »Es geht übrigens um einen Jungen, der gleich am Anfang nicht überlebt.«

»Warum denn nicht?«, fragt meine Tochter.

»Langweilig!«, schreit mein Sohn aus seiner Koje heraus und schleudert seinen Affen auf mich. »Ich will die Wasserleiche!«

»Weil es die Geschichte, wo der Junge überlebt, schon gibt«, sage ich. »Leider. Und deshalb erzähle ich euch eine Geschichte, wo rein gar nichts passiert. Ist auch besser zum Einschlafen.«

Wie ich mal einen Vortrag über das Phänomen »Berliner Lesebühnen« schreiben wollte

Ich bin mit meinem Fahrrad auf dem Weg zur Bibliothek der Humboldt-Universität. Vor mir radelt ein bärtiger Mann mit ausgewaschenem, lavendelfarbenem T-Shirt. Er hebt seinen Hintern ein bisschen und lässt einen wirklich lauten Pups los. Vor uns wird die Ampel rot und ich komme mit kreischender Bremse kurz hinter ihm zum Stehen. Er tut so, als ob ich nicht da bin. »Der da hat gepupst«, sagt mein Sohn mit heiserer, aber dennoch recht lauter Stimme. Er sitzt auf dem Kindersitz direkt hinter mir. Der Nacken vom Hipster in Lavendel wird rot.

Mein Sohn hat Fieber und eitrigen Schnupfen und kann deshalb heute nicht in die Kita. Ich nehme ihn mit in die Bibliothek.

Ich habe nämlich gerade erfahren, dass ich einen Bibliotheksausweis für die Bibliotheken der HU bekommen kann. Umsonst! Und das, obwohl ich keine Studentin oder Dozentin an der Uni bin. Ich will etwas über Berliner Lesebühnen schreiben und suche Artikel und Bücher, die sich damit beschäftigen. Dazu brauche ich Zugang zu einer Bibliothek. Und den werde ich mir heute verschaffen.

Die Bibliothekarin im Eingangsbereich des Jacob-und-Wilhelm-Grimm-Zentrums, bei der ich ein Anmeldeformular ausfüllen soll, wirft meinem Sohn einen kühlen Blick zu, als er versucht, auf ihr Pult zu klettern.

Leider habe ich meine Lesebrille vergessen. Obwohl ich tatsächlich schon seit einigen Jahren an der sogenannten Altersweitsicht leide und ohne meine Lesebrille nichts Gedrucktes mehr lesen kann, habe ich es anscheinend noch nicht genug verinnerlicht, dass ich die Brille brauche. Ich vergesse sie ständig zu Hause.

Die Bibliothekarin schiebt mir das Anmeldeformular hin. Die Schrift ist sehr, sehr klein.

»Leider habe ich meine Brille vergessen«, sage ich zur Bibliothekarin. »Könnten Sie mir vorlesen, was ich da ausfüllen soll?«, frage ich.

»Kann das nicht ihr Kleiner machen?«, fragt die Bibliothekarin und zeigt auf meinen Sohn, der inzwischen stolz auf ihrem Pult sitzt. Die Bibliothekarin hat graue Haare und eine Brille mit schwarzem Rand. Die Brille sieht ein bisschen so aus wie meine Lesebrille, die ich zu Hause vergessen habe.

»Mein Sohn wird nächsten Monat drei«, sage ich.

Mein Sohn hebt seine Hand, macht ein sehr angestrengtes Gesicht und biegt seine Hand so hin, dass nur noch zwei Finger zu sehen sind. Ein grüngelber Klumpen Rotze wandert zähflüssig aus seinen Nasenlöchern der Lippe entgegen. Taschentücher habe ich auch nicht mitgenommen, fällt mir ein.

»Hätte ja sein können, dass er hochbegabt ist«, sagt die Bibliothekarin. »Das sind die Kleinen ja heute angeblich alle.«

Mein Sohn wischt sich mit seinem Handrücken die Eiterrotze vom Gesicht.

»Name, Vorname, Adresse«, liest die Bibliothekarin vor.

»Haben Sie einen Kugelschreiber?«, frage ich. »Ich habe meinen vergessen.«

»Haben Sie überhaupt an irgendwas gedacht?«, fragt die Bibliothekarin.

Ich zeige auf meinen Sohn.

»Müsste der nicht in der Kita sein?«, fragt die Bibliothekarin.

»Er ist krank«, sage ich.

Mein Sohn grapscht der Bibliothekarin ins Gesicht und hebt stolz ihre Brille in die Höhe.

»Gib der netten Frau sofort die Brille wieder«, sage ich.

»Die ist nicht nett«, sagt mein Sohn.

»Genau! Woher wollen Sie das denn wissen? Sie kennen mich doch überhaupt nicht«, sagt die Bibliothekarin.

Sie nimmt meinem Sohn die Brille ab und reicht sie mir.

»War doch 'ne gute Idee vom Kleinen. Vielleicht können Sie wirklich durch meine Brille mehr sehen und das Formular doch ohne mich ausfüllen.«

Tatsächlich kann ich mit der Bibliothekarinnenbrille richtig gut sehen.

»Mit diesem Ausweis dürfen Sie fast nirgendwo sitzen«, erklärt mir die Bibliothekarin, als sie ihn mir überreicht. »Die meisten Plätze, auch die Computerplätze, sind für unsere Student*innen reserviert. Es laufen Leute herum, die das auch überprüfen. Und Sie sollten sowieso ganz nach oben, da gibt es Arbeitsplätze speziell für Eltern mit ihren Kindern«, sagt sie und lächelt. Es ist ein fieses Lächeln.

Im obersten Stockwerk angekommen, entdecken wir schnell die Arbeitsplätze, die sie gemeint hat. Geräuschundurchlässige Glaskäfige für Kinder mit ihren Eltern. Tische für die Eltern, Bällebad für die Kinder. Die Glaskäfige sind leer. Ich setze meinen Sohn ins Bällebad und verlasse den Glaskäfig, um ein bisschen in den Büchern zu stöbern.

Der Geruch von Büchern hat mich schon immer ungemein beruhigt. In den engen Gängen zwischen den Bücherregalen von Universitätsbibliotheken fühle ich mich geborgen und glücklich. Gerade als ich meine Nase an ein paar ledergebundenen Bänden über teilnehmende Beobachtung reibe, kommen zwei junge Männer in meinen Gang. Sie unterhalten sich leise: »Hast du die Eltern-Kind-Abteile gesehen?«, sagt der eine.

Der andere nickt: »Scheint den Kindern aber nicht so zu gefallen. Das eine war ja total hysterisch.«

»Stimmt«, sagt der erste wieder: »Sieht schon komisch aus: Man sieht, wie das Kind sich die Seele aus dem Leib brüllt, aber man hört gar nichts.«

Ich eile zu den Glaskäfigen. Mein Sohn steht an der Glastür und versucht verzweifelt, an die Klinke zu gelangen, die für seine Größe unerreichbar ist. Sein Gesicht hat er an die Scheibe gepresst. Wie Spinnenweben ziehen sich eitrige Rotzschlieren an der gesamten Glasfront des Käfigs entlang und zeigen mir genau, wie mein Sohn in den letzten Minuten versucht hat, dem Kinderabteil zu entkommen. Vor dem Glaskasten sitzen zwei junge Studentinnen und essen belegte Brötchen. Im Käfig, direkt neben der Tür an der Wand, befindet sich ein automatischer Türöffner für Rollstuhlfahrer, der auch für die Körpergröße meines Sohnes erreichbar gewesen wäre. Doch nicht hochbegabt, denke ich und öffne die Tür von außen. Im Glaskäfig riecht es wie in einer Eiterbeule. Ich befreie meinen Sohn und wische mit meinem Jackenärmel die Rotze weg.

Auf dem Weg runter zu den reservierten Computerplätzen kommen mein Sohn und ich an einer Informationstheke vorbei und mir fällt ein, dass ich ja gar keinen Stift dabeihabe, mit dem ich meine Funde notieren kann.

»Könnte Sie mir einen Kugelschreiber borgen?«, frage ich die Frau hinter dem Infoschalter.

»Wenn Sie mir Ihren Personalausweis als Pfand dalassen«, sagt sie und schaut angewidert auf meinen verrotzten Ärmel.

»Oh«, sage ich. »Die Leute bringen die Kugelschreiber nicht zurück?«

Die Frau kneift den Mund verbittert zusammen, nimmt meinen Personalausweis und reicht mir einen Kugelschreiber und ein Tempotaschentuch.

Als ich mit meinem Sohn die Tür zu den Computerplätzen öffne, ruft sie uns noch nach: »Das Eltern-Kind-Abteil ist ganz oben.«

»Ich weiß«, sage ich und betrete den Computerbereich.

»Reserviert für HU-Studenten«, steht da auf einem großen Schild. »Immatrikulationsbescheinigungen sollten immer gut sichtbar auf den Tischen ausgelegt sein«, steht da. Wie bei Parkscheinen im Auto, denke ich. Wir setzen uns an den letzten freien Tisch. Und tatsächlich liegt da auf meinem Computer auch eine Parkscheibe: »Bitte stellen Sie die Parkuhr, sobald Sie den Platz für eine Pause verlassen«, steht da. »Nach einer halben Stunde verwirken Sie Ihr Recht auf den Platz und jemand anderes kann ihn einnehmen.«

Mein Sohn schnäuzt sich sehr laut ins frische Taschentuch.

»Pscht«, mache ich. »Hier muss man ganz, ganz leise sein«, sage ich.

»Warum?«, fragt mein Sohn mit sehr lauter Stimme.

Der junge Mann am Tisch neben uns schaut panisch auf, packt schnell seine Sachen und verlässt den Computerbereich.

Ich mache den Computer an. Mein Sohn hat sich den Kugelschreiber geschnappt und spielt mit ihm herum. Ab und zu zieht er sehr laut die Nase hoch. Mir fällt wieder ein, dass ich ja meine Lesebrille vergessen habe.

»Mist«, sagt mein Sohn, wieder sehr laut.

»Pscht«, kommt es von einem der Tische.

»Jetzt ist der Kugelschreiber weg«, sagt mein Sohn. Er zeigt auf ein Loch im Tisch. »Da habe ich ihn reingesteckt«, sagt mein Sohn. »Jetzt ist er weg«, sagt er und ich denke an meinen Personalausweis. Vielleicht ist der an der Informationstheke sowieso besser aufgehoben als bei mir zu Hause. Dann muss ich ihn nie suchen und weiß immer, wo er ist.

»Könnte ich bitte Ihre Immatrikulationsbescheinigung sehen?«, sagt ein bärtiger junger Mann, der sich anscheinend leise an unseren Tisch angeschlichen hat und jetzt direkt neben uns steht.

»Das ist der Pupser«, sagt mein Sohn. Ich schaue mir den jungen Mann genauer an. Mein Sohn hat recht. Der junge Mann wird rot.

»Ich kann das auch«, ruft mein Sohn und hüpft auf seinem Stuhl hoch und runter.

»Könnten Sie mir vielleicht vorlesen, was da auf dem Computer steht?«, frage ich. »Ich habe meine Lesebrille vergessen.«

»Diese Plätze sind reserviert für HU-Studenten«, sagt der junge Mann.

»Ich weiß«, sage ich. »Könnten Sie mir einen Kugelschreiber borgen?«

»Ich kann das auch«, ruft mein Sohn laut.

Der junge Mann holt tatsächlich einen Kugelschreiber aus seiner Tasche und gibt ihn mir.

»Ich müsste jetzt wirklich Ihre Immatrikulationsbescheinigung sehen oder Sie bitten, diesen Platz zu verlassen.«

»Ich kann sowieso nichts lesen«, sage ich und stecke seinen Kugelschreiber ein.

»Ich kann das auch«, ruft mein Sohn wieder.

»Das Eltern-Kind-Abteil ist ganz oben«, sagt er.

»Ich weiß«, sage ich und stehe auf.

»Ich kann das auch«, sagt mein Sohn, springt von seinem Stuhl hoch und lässt einen ganz, ganz lauten Pups los. Bevor es anfängt zu stinken, haben wir die Bibliothek längst verlassen.

Wie Zwergenzipfelmützen

Meine sechsjährige Tochter und ich stehen bei Edeka am Südstern in einer Schlange an einer der drei Kassen. Vor uns kauft eine Horde Teenager Cola und Eis. Meine Tochter ist heute krank und ist deshalb nicht in der Schule. Sie hat Bauchweh.

»Mama, kann ich auch ein Eis haben?«, fragt sie.

Ich schaue sie streng an. Sie greift sich leidend an den Bauch und sagt: »Ich will doch kein Eis.«

An der Kasse entdecke ich ein Schild, auf dem steht, dass dieses Geschäft keine Energydrinks an Kinder unter zwölf Jahren verkauft.

Werden Teenager auf Red Bull etwa anstrengender als ohne? Aber Teenager sind doch eigentlich immer superanstrengend, oder? Ich jedenfalls finde Teenager meistens scheiße. Sie sind hässlich, dafür können sie natürlich nichts, aber sie sind auch laut oder unheimlich leise. Sie gehen einem nie aus dem Weg und tragen einem keine Kinderwagen die U-Bahn-Treppen rauf. Außerdem habe ich immer das Gefühl, dass sie mich auslachen.

In der Gruppe Teenager vor uns bezahlt jetzt jeder einzeln seine Cola und sein Eis mit sehr, sehr kleinen Münzen. Und da schauen sie auch schon rüber zu mir und lachen. Bestimmt über mich. Ich fluffe meine Haare mit der Hand am Hinterkopf ein bisschen auf. Das sieht cooler aus, denke ich. Dabei fällt mein Blick auf die verspiegelte Säule neben mir.

Dort sehe ich den Kopf einer Frau mit sehr verrückt ausse-henden, abstehenden Haaren. Nicht cool. Ich glätte mir mein Haar wieder schnell mit der Handfläche.

»Mama, was ist das?«, fragt meine Tochter und zeigt auf einen Bildschirm, der kurz vor der Kasse steht. Darauf sind einige Dinge abgebildet, die man nicht im Laden bekommt, sondern nur an der Kasse, wenn man ein entsprechendes Symbol auf dem Bildschirm berührt.

»Das sind Sachen, die man nicht im Laden bekommt, son-dern nur an der Kasse, wenn man den Bildschirm berührt«, sage ich.

»Wieso?«, fragt meine Tochter.

Ich schaue mich hilfesuchend um. Hinter mir steht ein junger Mann mit Bart. Er schaut schnell in die andere Rich-tung. Die Teenager an der Kasse neben mir lachen. Immer noch? Oder schon wieder?

Wahrscheinlich sind das alles Dinge, die sehr klein sind und damit leicht zu stehlen, denke ich. Ich schaue mir die Symbole auf dem Bildschirm etwas genauer an. Rasierklingen sind drauf. Klar, die sind klein und leicht in die Tasche zu ste-cken. Tabak. Auch klar. Darf man erst ab einem bestimmten Alter kaufen. Die Teenager neben uns zum Beispiel dürfen nicht. Ha! Und ein Kondom ist auch aufgemalt. Sieht aus wie eine Zwergenzipfelmütze. Aber warum eigentlich Kondome? Kondome sind zwar leicht zu stehlen, weil sie so klein sind, aber besonders wertvoll sind sie nicht. Ich meine, materiell wertvoll. Ansonsten können sie Leben retten, oder auch nicht, wie man es eben betrachtet.

»Das sind alles Dinge, die besonders wertvoll sind und leicht zu stehlen«, sage ich zu meiner Tochter. »Deshalb be-kommt man sie nur von der Frau an der Kasse.«

»Man sacht ›Dame‹«, sagt die Frau an der Kasse. Die Teenager lachen wieder. »Ist Cola eigentlich nicht auch ein offizieller Energydrink?«, frage ich die Frau an der Kasse.

Sie wirft mir einen bösen Blick zu. Die Teenager machen sich groß.

»Mama, was ist das?«, fragt meine Tochter und zeigt auf das Bild der Rasierklinge.

»Das ist eine Rasierklinge zum Rasieren«, sage ich.

Klar, dass sie mich gleich nach den Kondomen fragen wird. Der junge Mann mit Bart hinter mir fängt schon mal an zu grinsen. Die Teenager stoßen sich gegenseitig an.

»Mama, was ist das?«, fragt meine Tochter und zeigt auf den Tabak.

»Das ist Tabak zum Zigarettendrehen«, sage ich.

Kaufen Teenager eigentlich noch Kondome, wenn man sie an der Kasse extra persönlich überreicht bekommt? Oder gibt es ein Mindestalter für Kondome?

»Mama, was ist das?«, fragt meine Tochter und zeigt auf das Kondom.

Der junge Mann mit Bart hinter uns hält hörbar die Luft an.

»Das erzähle ich dir zu Hause«, sage ich laut. Der junge Mann lässt die Luft wieder raus. Die Frau an der Kasse schüttelt den Kopf. Ich glaube, ein leises »Feigling!« zu hören.

»Sieht aus wie eine Zwergenzipfelmütze«, sagt meine Tochter.

Sie fährt die Konturen des Bildes mit dem Finger nach. »Biep«, macht es und das Kondom leuchtet auf. »Oder wie ein Pimmel«, sagt meine Tochter.

Der Mann mit Bart hinter mir kichert. Die Horde Teenager verlässt den Laden.

»Bekomme ich ein Heft?«, fragt meine Tochter und schielt zum Zeitungsstand, wo rosaroter Glitzer auf der Hälfte der Magazine im untersten Regal laut nach Aufmerksamkeit ruft.

»Nein«, sage ich und beginne, meine Einkäufe auf das Band zu legen.

»Menno!«, brüllt meine Tochter und rennt zum Regal mit den Zeitschriften.

Die Frau an der Kasse schaut mich an. »Na ob dis mal gut geht«, sagt sie.

»Mama!«, ruft meine Tochter. »Es gibt ein Bibi-und-Tina-Heft mit Glitzerstickern«, ruft sie.

»Ich weiß«, sage ich und lege die restlichen Sachen auf das Band.

»Mama«, ruft meine Tochter. »Und es gibt ein Filly-Pferde-heft mit Freundschaftsarmbändern in Pink mit Glitzer.«

»Super!«, rufe ich zurück.

Die Frau an der Kasse beginnt, meine Waren zu scannen.

Meine Tochter kommt mit einem *Eiskönigin*-Heft zu mir gerannt. »Mama, schau mal, die Eiskönigin«, ruft sie. »Da ist eine Krone dabei. Das will ich haben.«

»Nein«, sage ich. »Du hast dir schon Gummibärchen aus-gesucht.«

»Ich dachte, sie hat Bauchschmerzen«, sagt die Frau an der Kasse.

»Bitte, bitte, bitte«, fleht meine Tochter.

»Und außerdem hast du Bauchschmerzen«, sage ich.

Meine Tochter greift sich wieder leidend an den Bauch.

»Bitte, bitte, bitte, bitte, bitte, bitte«, sagt sie.

»Das ist aber auch eine sehr schöne Krone«, sagt der Mann mit Bart hinter uns. Ich werfe ihm einen bösen Blick zu.

»Bitte, bitte, bitte, bitte, bitte, bitte, bitte, bitte, bitte «, sagt sie.

»Nein«, sage ich.

»Ach Mönsch«, sagt der Mann mit Bart hinter uns.

»Bitte, bitte, bitte, bitte, bitte, bitte, bitte, bitte, bitte, bitte, bitte«, sagt meine Tochter.

Ich zögere. Einen Moment zu lange, wie es scheint. Meine Tochter wittert den Sieg. Die Frau an der Kasse verdreht die Augen.

»Bitte, bitte, bitte, bitte, bitte, bitte, bitte, bitte, bitte, bitte, bitte, bitte, bitte, bitte, bitte, bitte«, sagt meine Tochter. Die Frau an der Kasse hat alles gescannt und schaut mich ungeduldig an.

»Na gut«, sage ich. »Dann hilfst du mir aber auch beim Einpacken.«

Die Frau an der Kasse schnaubt.

Der Mann mit Bart hinter uns klatscht in die Hände.

Kaum ist das Heft gescannt, reißt meine Tochter das Heft auf und zieht sich die Krone an. Dann stürmt sie aus dem Laden und lässt mich alles allein einpacken.

Als ich den Laden verlassen will, ruft mich die Frau an der Kasse zurück und überreicht mir ein Päckchen Kondome. »Vergessen Sie nicht Ihre Zwergenzipfelmützen«, sagt sie und lächelt.

Der Vorraum zur Hölle

Mein Sohn wird operiert. Er bekommt die Rachenmandeln abgekratzt und seine Trommelfelle werden eingeschnitten, um ihm dort zwei Platinröhrchen einzusetzen, damit die Flüssigkeit, die sich dort angesammelt hat, abfließen kann. Mein Sohn ist sechs Jahre alt.

Am Morgen vor der Operation darf er nichts essen und trinken. Eine Stunde bevor wir zum ambulanten Operationszentrum fahren, bekommt er Bauchkrämpfe. Er windet sich auf dem Boden und schreit, wie ich es noch nie von ihm gehört habe. Als ich das später dem Anästhesisten erzähle, sagt er, er werde dann die Beruhigungstropfen weglassen, der Sohn bekomme einfach sofort die Schlafluft.

Zu diesem Zeitpunkt bräuchte zumindest ich schon dringend Beruhigungstropfen. »Schlafluft«, »einschneiden«, »abkratzen« ... – Das sind alles Begriffe, die seit ein paar Tagen bei uns im Haus herumfliegen, und weder mein Sohn noch ich können uns wirklich etwas darunter vorstellen, aber es klingt nicht angenehm.

Mein Sohn kommt auf eine Liege und der Anästhesist zeigt ihm die Atemmaske, in der die »Schlafluft« ist. Wahrscheinlich die, an der Michael Jackson gestorben ist, denke ich. Da solle er schön reinpusten, sagt der Anästhesist, der ein bisschen wie George Clooney aussieht.

»Du hast aber ein schönes Dino-T-Shirt«, sagt er zu

meinem Sohn. Zur Feier des Tages hat mein Sohn sich nämlich sein Lieblings-T-Shirt angezogen. Das mit dem langhalsigen Dinosaurier.

Mein Sohn pustet feste, dann verdreht er seine Augen, schläft ein und ich werde ins Wartezimmer begleitet.

Dort sitzt eine Mutter mit ihrer kleinen Tochter. Die Tochter ist im Gegensatz zu mir sehr entspannt und holt sich ein Buch aus der Tasche ihrer Mutter heraus. »D... die M... Maussssss liegt i... i... ieeeem Gras«, liest sie laut vor. Ihre Mutter schaut sie streng an. »Jetzt lies hier nicht so laut rum. Das nervt total.« Sie steht auf und nimmt sich eine Zeitschrift vom Tisch im Wartezimmer.

Warum haben Zeitschriften in Arztpraxen eigentlich immer diese Umschläge? Geht es hier um Privatsphäre? Also, damit man seine Mitwartenden nicht gleich in Schubladen steckt? Im Wartezimmer beobachten wir uns doch alle gegenseitig: Die Frau Ü40 mit geflochtenem Zopf und selbst gestricktem Pulli liest doch sicher die *Brigitte*. Der Mann mit Nickelbrille, Hemd und gebügelten Jeans? Eindeutig *Focus*. Oder haben die Umschläge etwas mit Schleichwerbung zu tun? Wen soll der Schutzumschlag schützen? Geht es um Hygiene? So eine Zeitschrift in einer Arztpraxis geht bestimmt durch sehr viele Hände und muss deshalb bestimmt voller Bakterien sein. Sind das Desinfektionsumschläge?

»D... d... dieeeeee M... M... Mauuuuus sch... schläääääft noooooooooch«, liest die Tochter laut vor.

Die Mutter setzt sich wieder hin. »Jetzt lies doch mal leise«, schnauzt sie ihre Tochter an. Sie schlägt ihre Zeitschrift auf. Hundertprozentig die *Gala*. Aber die Mutter sieht aus wie jemand, die nie öffentlich *Gala* lesend gesehen werden wollen würde. Eher so streng und seriös. Aber hier, im Schutze des grauen Einheitsumschlags wagt sie es, sich schnöden Klatsch und Tratsch reinzuziehen. Bestimmt.

Die Mutter schaut auf und mich direkt an: »Habe ich Ihnen jetzt die neue *Mare* weggeschnappt oder was?«, fragt sie schnippisch.

Ich schüttle den Kopf, und bevor ich etwas sagen kann, werde ich von einer bekittelten Frau in den Aufwachraum begleitet.

Ich weiß nicht, warum ich nicht vorbereitet bin auf das, was mich im Aufwachraum erwartet. Das letzte Mal in so einem Raum war ich es, die langsam aufwachte. Das war nach einer Ausschabung der Gebärmutter wegen einer Fehlgeburt. Rechts von mir flüsterte ein Pärchen miteinander, links von mir weinte jemand. Der Raum war riesig, wenn man an die Decke schaute, aber die Betten waren mit Vorhängen voneinander getrennt.

Eine halbe Stunde lag ich dort aufwachenderweise und hörte tonlose Stimmen über nie geborene Kinder trauern. Als ich endlich aufstehen durfte, wurde mir schwarz vor Augen und ich kotzte in die bleierne Stille.

Aber das hier ist ja ein Aufwachraum für Kinder, denke ich. Für Kinder, die leben. Für Kinder, die jetzt wieder gut hören oder atmen können.

Ich betrete den Raum und werde zur Liege geführt, auf der mein Sohn liegt. Ein kleines Mädchen im Bett daneben beginnt, hysterisch zu schreien. Mein Sohn sieht plötzlich sehr klein aus. Klein und verletzlich. Der Dino auf seinem T-Shirt ist blutverschmiert. Ein Schlauch hängt ihm aus dem Mund und Blut tröpfelt aus seiner kleinen Nase. Die Augen sind geschlossen.

»Ist alles gut gegangen«, sagt die Ärztin. »Der schläft jetzt bestimmt noch eine halbe Stunde.« Sie muss sehr laut reden, um das hysterische Schreien des Mädchens im Nebenbett zu übertönen. Die Mutter des Mädchens hat ihre schreiende Tochter aus dem Bett auf den Arm genommen. Das Mädchen hört auf zu schreien und schluchzt jetzt nur noch. Ich atme auf und betrachte zärtlich meinen Sohn. Hier sind keine Vorhänge zwischen den Betten und ich erkenne mehrere Kinder, die in ähnlicher Stellung daliegen wie er.

Gerade wird das laut lesende Mädchen hereingeschoben. Kurz darauf folgt die *Gala*-Mutter.

Sie setzt sich neben ihre Tochter, sieht mich und nickt mir kurz zu. Ich war mal wieder zu voreilig. Ich hielt sie für eine *Gala* lesende Schnepfe, die fies zu ihrem Kind ist. Stattdessen ist auch sie nur eine sich sorgende Mutter, eine von uns. Ich schaue mich liebevoll um und das schluchzende Mädchen fängt wieder hysterisch zu schreien an. Ich schaue die Mutter des Mädchens verständnisvoll, liebevoll an und sie wirft zornige Blicke zurück.

»Entschuldigung«, ruft die *Gala*-Mutter einer Krankenschwester zu. »Entschuldigung, wie kommt denn der Schlauch aus dem Mund meiner Tochter wieder heraus«, ruft sie, um die hysterischen Schreie des Mädchens im Nebenbett zu übertönen. Recht hat sie, wie kommt der Schlauch da eigentlich wieder raus?

»Dit passiert von selba, wenn sie aufwacht«, sagt die Krankenschwester.

Die *Gala*-Mutter wirft mir einen verzweifelten Blick zu. Das Mädchen hört auf zu schreien und schluchzt jetzt leise.

»Entschuldigung«, ruft die *Gala*-Mutter wieder. »Entschuldigung, aber meine Tochter blutet ziemlich heftig aus der Nase.«

Die Krankenschwester kommt mit einem nassen Lappen und wischt an der narkotisierten Tochter herum.

»Wenn es mehr wird, rufen Se mich, ja?«

Die *Gala*-Mutter hat Panik im Blick. »Wie viel mehr?«, ruft sie der Krankenschwester nach, die in einer Kaffeeküche verschwindet.

Das Mädchen im Nebenbett beginnt wieder, hysterisch zu schreien, und mein Sohn öffnet die Augen, würgt und zieht sich dann röchelnd selbst den Schlauch aus seinem Rachen. Genau das habe ich schon mal in einem Horrorfilm gesehen.

Ich versuche, beruhigend auf meinen Sohn einzureden. Er setzt sich auf und schaut mich völlig verstört an. Die hysterischen Schreie vom Nebenbett gehen weiter. Er legt sich wieder hin, ich murmele beruhigende Dinge von »Schlafluft« vor mich hin.

»Entschuldigung«, ruft die *Gala*-Mutter jetzt hysterisch. »Sie blutet mehr. Sie blutet mehr!« Mein Sohn schließt die Augen.

Die Krankenschwester kommt mit dem Lappen zurück und wischt an der Tochter herum.

»Dit is schon okay so«, sagt sie und geht wieder.

Nach einer halben Stunde darf endlich das hysterisch schreiende Kind gehen. Ich und die *Gala*-Mutter werfen uns erleichterte Blicke zu.

Ihre Tochter wacht auch auf.

Mein Sohn sitzt jetzt schon und sieht wieder ganz robust aus.

»Entschuldigung«, ruft die *Gala*-Mutter der Krankenschwester zu. »Entschuldigung, könnten Sie noch mal die Ärztin holen?«

Die Ärztin kommt raschen Schrittes zum Bett der *Gala*-Mutter und ihrer Tochter.

»Könnten Sie meiner Tochter wohl diesen Wackelzahn da rausziehen? Der nervt doch total.«

»Im Ernst?«, fragt die Ärztin.

»Der hängt ja nur noch an einem Faden«, sagt die *Gala*-Mutter.

Die Ärztin verschwindet. Mein Sohn wird blass. Ich denke an das Zahnkästchen auf dem Nachttisch meines Sohnes, das seit drei Monaten darauf wartet, dass er seinen ersten Zahn verliert. An die Gedanken, die er sich gemacht hat, wie und wo es wohl passieren wird und ob er was von der Zahnfee dafür bekommt?

Die Ärztin kommt mit einem spitzen Zahnarzthaken zurück. Mein Sohn fängt an zu schwitzen. Ich glaube, die Tochter der *Gala*-Mutter ist noch gar nicht richtig wach.

Die Ärztin beugt sich über die *Gala*-Tochter und stochert in ihrem Mund herum. »Na, der hängt doch noch an mehr als einem Faden«, sagt sie und ruckelt aber weiter an ihr herum.

»Mir is ganz übel«, sagt mein Sohn.

»Zack«, sagt die Ärztin und hält der *Gala*-Tochter stolz den Zahn vors Gesicht.

»Mir is übel«, sagt mein Sohn noch mal und übergibt sich dann aufs Bett und auf mich.

Als er fertig ist, sagt er: »Hä? Sieht aus wie Cola. Dabei habe ich doch gar keine getrunken.« Tatsächlich hat der Kotzschleim aus Wasser und Blut Ähnlichkeit mit dem beliebtesten Erfrischungsgetränk der Welt.

Die Ärztin kommt rüber zu uns. »Na, fühlst du dich jetzt besser?«, fragt die Ärztin.

»Sein erster Rausch«, erklärt sie mir. »Der ist jetzt total verkatert. So müssen Sie sich das vorstellen.«

Mein Sohn schaut die Ärztin entschlossen an: »So habe ich mir die Zahnfee aber nicht vorgestellt«, sagt er und macht seinen Mund fest zu.

Slow Food

Es ist Samstagmittag, mein Mann macht mit den Kindern eine Radtour auf dem Tempelhofer Feld und ich treffe meine Mutter zum Mittagessen. Diesmal aber nicht in unserem vietnamesischen Lieblingsrestaurant in Kreuzberg, sondern ein paar Straßen weiter in einem edleren vietnamesischen Restaurant. Trotzdem bestellen wir beide wie immer: Pho-Suppe.

»Schätzchen, habe ich dir erzählt, dass ich jetzt wieder einen Job habe?«, fragt meine Mutter.

Meine Mutter wird nächstes Jahr 84 und ist seit zwanzig Jahren pensionierte Lehrerin.

»Nein«, sage ich.

»Ja, ich habe jetzt wieder einen Job«, sagt meine Mutter.

»Und was arbeitest du?«

»Ach, das ist bei einer ganz cleveren Firma«, sagt meine Mutter. »Wie heißen die noch?«

»Du arbeitest für eine Firma?«, frage ich. »Du weißt aber, dass du, wenn du an einer telefonischen Umfrage teilnimmst, kein Geld bekommst, oder?«

Vielleicht ist meine Mutter, die eigentlich noch sehr fit ist, in den letzten zwei Wochen, in denen wir uns nicht gesehen haben, ein bisschen senil geworden, denke ich.

»Jetzt hab ich's«, sagt meine Mutter: »Lieferando heißen die.«

»Was? Du arbeitest für Lieferando?«, frage ich.

»Ja«, sagt meine Mutter.

»Du fährst mit einem Fahrrad durch Berlin und lieferst Essen aus?«

»Nein, nein, nein. Dein Vater hat mir zu Weihnachten einen City Croozer geschenkt«, sagt sie.

»Einen Elektroroller?«, frage ich.

»Leider nein«, sagt meine Mutter. »Ein City Croozer ist eine Einkaufstasche auf Rädern zum Hinterherziehen. Das kommt aber gut«, sagt sie. »Slow Food ist total im Trend.«

»Slow Food?«, sage ich.

»Ja, das bedeutet so viel wie ›langsames Essen‹.«

»Langsam essen?«, frage ich.

»Nein«, sagt meine Mutter: »Langsames Essen.«

»Und wie viele Essen hast du heute ausgeliefert?«

»Na, zwei«, sagt meine Mutter. »Das eine war von einem Imbiss im Wedding zu einer Wohnung in Charlottenburg. Und dann noch von einem Restaurant in Kreuzberg zu einer Wohnung in Pankow. Weißt du, wie oft man da umsteigen muss? Und Trinkgeld gab es auch keines. Das Essen sei angeblich kalt gewesen und hätte zu lange gedauert.« Sie seufzt.

»Wie bist du denn überhaupt auf diese Idee gekommen?«, frage ich.

»Ich denke, dein Vater hat mir den City Croozer geschenkt, damit ich Flaschen sammeln gehe.« Sie seufzt noch mal. »Da trage ich doch lieber Essen aus. Und dabei hatte ich mir einen Elektroroller gewünscht«, sagt meine Mutter.

Am Ende unseres Essens lässt sich meine Mutter noch zwei Hauptgerichte in ihre rollende Einkaufstasche einpacken. »Für meinen nächsten Job«, sagt sie zu mir. »Eine Familie im Prenzlauer Berg hat das bestellt. Deshalb wollte ich mich auch hier mit dir treffen. Praktisch, oder? So verbinde ich das Private mit dem Geschäftlichen«, sagt sie stolz.

»Und wann hat die Familie das Essen bestellt?«, frage ich. Wir saßen sicher eine Stunde beim Mittagessen. Sie schaut auf ihre Armbanduhr. »Na, vor knapp zwei Stunden«, sagt sie. »Slow Food halt.«

Sie winkt mir ein bisschen müde zu, als sie in die U-Bahn Richtung Osten steigt.

»Ich habe ihr den City Croozer geschenkt, weil sie sich einen gewünscht hat«, sagt mein Vater ein paar Tage später. »Und jetzt hat sie sich einen Job gesucht.« Mein Vater und ich sitzen zusammen in einem griechischen Restaurant und essen Gyros.

»Sie wollte keine rollende Einkaufstasche«, sage ich. »Sie wollte einen Elektroroller: einen City Scooter, keinen City Croozer.«

»Da kenn sich einer aus«, sagt mein Vater und verspricht mir aber, meiner Mutter ihren Elektroroller zu kaufen.

»Du glaubst nicht, was mir neulich passiert ist«, sagt mein Freund Fred, als wir uns ein paar Tage darauf zum Kaffeetrinken treffen. »Ich habe über Lieferando Essen von diesem geilen koreanischen Restaurant in Kreuzberg geordert, und als es zwei Stunden später endlich an der Tür klingelt, steht da deine Mutter vor der Tür. ›Hallo, Fred‹, sagt sie, ›wie geht's dir? Schön, dich zu sehen, und das macht 36,90, bitte.‹ Ich bin fast umgekippt vor Überraschung«, sagt Fred. »Und ich musste ihr das Essen abnehmen, obwohl es zwei Stunden zu spät und voll kalt war«, sagt er. »War ja deine Mutter. Ich habe ihr sogar ordentlich Trinkgeld gegeben. Sie sah so stolz aus.«

»Mama, fährst du immer noch Essen aus? Ich dachte, das Missverständnis ist aufgeklärt und du hast jetzt deinen City Scooter von Papa bekommen«, sage ich an diesem Abend zu meiner Mutter am Telefon.

»Ja, ja«, sagt sie. »Stimmt. Aber ich bin ja viel schneller mit dem City Scooter. Ich delivere jetzt mehr als fünf Essen täglich in ganz Berlin. Und das Trinkgeld stimmt auch. Ist sicher lukrativer als das, was du machst. Das solltest du auch mal versuchen, just saying.«

»Und Papa?«, frage ich.

»Der benutzt jetzt den City Croozer und sammelt Flaschen«, sagt meine Mutter.

Elternabend

Mein Mann steht in der Küche und gießt Rotwein in eine Kaffeetasse. Ganz voll macht er sie bis oben hin. Ich schaue ihn fragend an.

»Nimm dir auch eine Tasse«, sagt er. »Mach aber schnell. Es geht gleich los.«

»Was geht los?«, frage ich und nehme mir eine Tasse aus dem Schrank. Es ist die Pferdetasse, alle anderen sind in der Spülmaschine und die läuft. Die Pferdetasse ist bei uns immer die letzte Tasse im Schrank, weil niemand gerne draus trinkt. Bis auf meine Tochter. Die hat die Pferdetasse zum dritten Geburtstag bekommen. Aber die Tasse ist seitdem acht Jahre älter geworden wie meine Tochter und inzwischen recht angeschlagen. Die Tasse, nicht die Tochter. Außerdem hat sie so einen dünnen Rand. Ich trinke lieber aus dickwandigen Tassen. Zumindest Kaffee und Tee. Mein Mann schenkt mir die Pferdetasse mit Rotwein voll, auch ganz bis oben hin.

»Elternabend«, sagt mein Mann. »Er beginnt in einer Minute.« Er trägt seine Tasse vorsichtig durch den Flur in das Zimmer meiner Tochter. Elternabend im Frühjahr 2021 heißt, der Elternabend findet zu Hause am Computer statt. Über Zoom. Ich laufe meinem Mann hinterher in das Zimmer meiner Tochter. Dort ist mein Laptop, auf dem eigentlich ich schreiben sollte, permanent installiert für den Unterricht meiner Tochter, das Homeschooling. Im Flur stolpere ich über einen achtlos hingeworfenen Kinderschuh und verschütte ziemlich viel Rotwein.

Fluchend komme ich ins Kinderzimmer: »Warum sind eigentlich immer alle Gläser in der Spülmaschine, wenn wir Wein trinken wollen. Fast hätte ich die Pferdetasse geschrottet.«

»Die Gläser sind nicht alle in der Spülmaschine«, sagt mein Mann.

Wir setzen uns vor den Laptop am Schreibtisch unserer Tochter und klicken auf den Link. Schon sind wir mitten im virtuellen Elternabend der Klasse 6b.

Der Bildschirm ist in zwanzig kleine Vierecke geteilt, auf denen die verschiedenen Elternteile der Klasse zu sehen sind. Auch die Klassenlehrerin Frau Koch und der gut aussehende Mathelehrer Herr Püschel sind da. Nur auf wenigen sind es zwei Gesichter in einem Fenster, die uns entgegenblicken. Süß sehen wir zwei zusammen aus, denke ich und schaue mir und meinem Mann dabei zu, wie wir an unseren Rotweintassen schlürfen. Besonders mein Mann. Irgendwie sieht er heute so männlich aus.

Rechts von unserem Fenster auf dem Bildschirm sitzt eine ältere Frau und raucht. »Schau mal, wie die quarzt«, sage ich. »Das ist bestimmt die Oma von Marius. So alt kann seine Mutter gar nicht sein. Und der Papa von Otto trinkt Wein aus einem Glas, gar nicht heimlich. Der hat Nerven!«

»Oha«, sagt mein Mann, »die Mutter von Tobi sieht ja heute wieder zum Anbeißen aus.« Wir kichern beide.

»Hrm, hrm. Einige Eltern haben sich noch nicht auf stumm geschaltet«, sagt Frau Koch, die Klassenlehrerin. Entsetzt schaue ich auf das Mikrofon-Symbol auf dem Bildschirm und sehe, dass wir nicht auf stumm geschaltet sind.

Auf stumm schalten, das ist auch neu für mich. Wie diese ganze Zoom-Geschichte an sich. Während viele meiner Freunde schon im ersten Lockdown davon erzählt haben, wie das ist, die Morgenkonferenzen über Zoom zu haben und überhaupt alles von zu Hause aus zu machen, habe ich das erst im zweiten Lockdown erfahren.

Meine elfjährige Tochter war da schon Zoom-Profi und konnte mir erklären, wie das läuft: »Und wenn du da draufdrückst, dann kann man dich nicht hören.«

»Okay.«

»Und wenn es dir zu doof ist, schaltest du einfach den Bildschirm aus und schreibst etwas über schlechte Internetverbindung in den Chat.«

Während meine Tochter weitererklärte, schaute ich auf den Bildschirm.

Ich schaute mich an.

Auch während der Morgenkonferenzen schaue ich meistens nur mich an. Mir war nicht bewusst, wie sehr meine Brille die Augen vergrößert. Auf dem Bildschirm sehe ich aus wie Jean-Paul Sartre.

Ich winke viel beim Zoomen, habe ich festgestellt. Und ich grinse viel und grinse viel breiter, damit das Lächeln, das mein Grinsen eigentlich sein soll, sichtbar wird. Paradoxerweise wird das Lächeln dadurch zur Grimasse. Außerdem muss ich mir unbedingt eine neue Brille kaufen.

»Du kannst auch jemandem unbemerkt während des Treffens eine private Nachricht im Chat schreiben. Das bekommt keiner mit«, sagte meine Tochter.

Eigentlich dachte ich, als ich meine Tochter im Vorfeld unserer digitalen Treffen bat, mir die wichtigsten Funktionen zu zeigen, dass es darum ginge, wie man sich am besten sichtbar und hörbar für alle Beteiligten machen kann. Aber offensichtlich ging es um das genaue Gegenteil.

Mein Mann stellt uns souverän auf stumm und murmelt mir zu: »Weiß keiner, wer das gesagt hat. Ganz ruhig bleiben.« Er sieht lustig aus auf dem Bildschirm, wie er aus dem Mundwinkel murmelt. Aber hat er da Rotwein am Mundwinkel? Das wäre peinlich.

»Du hast da was«, sage ich und wische ihm am Mund rum. »Erde oder Rotwein oder so.«

»Willst du auch noch mehr Wein?«, fragt mein Mann fünf Minuten später. Die Diskussion über das »Selbertesten im Klassenzimmer« ist in vollem Gange und ich habe schon einen Schwips. Ich hebe die Pferdetasse an und trinke den Rest Wein in einem Zug aus. Dann wedele ich mit der Tasse und gebe sie ihm mit.

Als mein Mann weg ist, schaue ich mir ein bisschen beim Zuhören zu und lächle. Also: unbedingt die neue Brille. Und zum Friseur. Und Licht sollte ich anmachen. Voll viele Schatten, die da an meinem Gesicht sind. Die anderen sind alle viel besser ausgeleuchtet.

Ich beuge mich vor, um die Schreibtischlampe meiner Tochter anzumachen, mein Gesicht wird immer größer, je näher es der Kamera kommt, und da sehe ich, dass es gar keine Schatten auf meinem Gesicht sind, sondern, dass ich einen Vollbart trage! Das ist einer von diesen Bartfiltern, die die Kinder so gerne beim Zoomen mit den Großeltern benutzen. Wenn man diesen Filter einstellt, hat eine der Personen einen Bart im Gesicht. Und der Bart springt auf andere Personen über, sobald die Person mit dem Bart aus dem Bild geht.

Offensichtlich war der Filter noch eingestellt. Deshalb sah mein Mann eben auch so männlich aus. Und jetzt ist der Bart in meinem Gesicht. Wie peinlich. Weil ich das Licht angeknipst habe, ist der Bart jetzt in voller Schönheit auf meinem Gesicht zu sehen: Ich sehe aus wie Räuber Hotzenplotz. Schnell halte ich mir die Hand vor den Mund.

Die rauchende Oma von Marius ist inzwischen sehr vehement am Diskutieren. Ich unterdrücke einen Lachkrampf und versuche, mich zu erinnern, wie man den Bartfilter wieder ausmacht. Mit einer Hand vor dem Mund und der anderen am Computer schaffe ich es nicht, irgendwas in den Menüs an- oder auszuschalten. Die rauchende Oma ist inzwischen in Zornestränen ausgebrochen.

Mein Mann kommt mit den zwei Tassen Rotwein zurück und setzt sich neben mich. Erleichtert nehme ich meine Hand vom Mund. Der Bart ist wieder auf das Gesicht meines Mannes gesprungen. Im neu angeschalteten Licht sieht man den Bart jetzt auch bei ihm sehr deutlich. Richtig männlich sieht er aus! Er reicht mir die Pferdetasse, wieder randvoll mit Rotwein.

»Wir haben den Bartfilter an«, flüstere ich ihm aus dem Mundwinkel zu.

»Du musst nicht flüstern, wir sind auf stumm geschaltet«, flüstert mein Mann zurück und betrachtet sich auf dem Bildschirm.

Er will sich mit der Hand ins Gesicht greifen. Ich halte ihn gerade noch rechtzeitig davon ab.

»Der springt sonst auf mich über«, sage ich. »Ich weiß nicht, wie ich den Bartfilter abstellen kann«, murmle ich immer noch aus dem Mundwinkel heraus. Ich schaue meinen Mann und mich auf dem Bildschirm an. Er schaut auch weiter auf den Bildschirm und schlürft Rotwein aus der Tasse. Er sieht wirklich gut aus mit dem Bartfilter.

»Weißt du auch nicht, wie das geht?«, frage ich.

»Doch«, murmelt er zurück. »Aber wenn ich ihn jetzt ausschalte, fällt das doch allen auf, dass ich plötzlich keinen Bart mehr habe.« Ich nicke. »Du siehst wirklich gut aus mit dem Bart«, sage ich leise. »Nicht wahr?«, sagt er.

Die Diskussion auf dem Bildschirm zieht sich noch über eine weitere Stunde. Ich fülle unsere Tassen noch zweimal nach und bald sitzen wir ziemlich betrunken vor dem Bildschirm. Endlich kommt die Diskussion zu einem Ende, wir »entstummen« uns, um uns zu verabschieden. Ich beuge mich vor, um den »Raum verlassen«-Button zu klicken, als meine Tochter ins Zimmer kommt. Sie greift nach ihrer Pferdetasse und brüllt: »Die Pferdetasse ist ja voller Rotwein!« und: »Papa, du hast ja noch den Bartfilter an!«

»Hrm hrm«, kommt es aus dem Computer. »Einige Eltern haben es noch nicht geschafft, den Raum zu verlassen.«

Smart people

Woran ich merke, dass ich älter werde?

Das ist einfach. Jedes Mal, wenn ich die jüngeren Menschen an ihren Handys sehe: Sie halten das Handy sogar anders. Nämlich mit beiden Händen und tippen mit ihren beiden Daumen. Es erstaunt mich jedes Mal aufs Neue. Ich im Gegensatz dazu halte mein Handy in der einen Hand und versuche verzweifelt, mit dem Zeigefinger die Minibuchstaben zu erwischen.

Nicht selten bekomme ich auf meine Nachrichten dann Antworten wie: »Hast du gerade einen Schlaganfall?« Oder: »Setz endlich deine Brille auf!«

Es ist aber nicht nur mein ungelenkes Tippen, das diese Botschaften kreiert, sondern auch diese elendige Autokorrektur. Aus dem Namen meiner Tochter wird »Lenin« und aus dem meines Sohnes »Freud«. Nicht selten erhält mein Mann Nachrichten wie: »Freud am Kotzen, Lenin nur Durchfall. Vergiss bloß nicht die Tiefkühlpimmel.«

Aber auch schon beim Telefonieren halten die jungen Menschen ihr Handy ganz anders als ich. Wo ich mir das Ding ans Ohr presse, hält der junge Mensch das Handy waagerecht vor seinen Mund und sieht aus, als wolle er hineinbeißen.

Dennoch komme ich gut klar mit der neuen Technik und außerdem gibt es Menschen, die noch älter sind als ich: meine Mutter zum Beispiel. Sie wird nächstes Jahr 84 und hat inzwischen auch ein Smartphone. Sie benutzt WhatsApp und SMS und ab und zu auch Facetime. Das aber eher unfreiwillig.

»Dudeldulitt, dudeldulitt«, macht mein Telefon. Es ist kurz vor Mitternacht und ich will gerade das Licht ausmachen. Vor einer Minute habe ich meiner Mutter ein paar der schönsten Bilder der Kinder geschickt. Wir waren heute auf einem Ausflug in der Schorfheide und meine Mutter ist mit meinem Vater auf einer dreiwöchigen Reise auf Korsika. Sie soll doch mitbekommen, was wir so in Berlin machen, wenn sie nicht da sind.

»Dudeldulitt, dudeldulitt«, macht das Telefon noch mal. Ich nehme es in die Hand: meine Mutter über Facetime.

Ich drücke auf das Kamerasymbol. »Mama«, sage ich und sehe dabei einen dunklen Bildschirm und meinen eigenen Kopf in der rechten oberen Ecke. Mann, sehe ich alt aus. Was für ein fieses Doppelkinn und das Gesicht so zerquetscht, denke ich. Schnell hebe ich das Telefon ein bisschen über meine Augenhöhe und schon habe ich ein viel schmaleres Gesicht. Immer noch alt, immer noch zerquetscht, aber nun ohne Doppelkinn. Das Beste an Facetime ist doch eigentlich, dass man sich selber mal beim Reden zuschauen kann.

Am anderen Ende ist nur Rascheln.

»Mama!«, sage ich noch einmal und versuche, etwas zu erkennen.

»Schätzchen?«, kommt es gedämpft aus dem Lautsprecher meines Handys. »Ich glaube, Mareike ist am Telefon und nuschelt ›Mama‹ zu irgendjemandem.«

»Mama?«, frage ich ein drittes Mal.

Ich sehe Haare und ein Ohr auf dem Bildschirm.

»Schätzchen, bist du es?«, tönt es jetzt in guter Lautstärke aus dem Handy.

»Mama, ich seh dein Ohr«, sage ich.

»Ich wollte dich gar nicht anrufen«, sagt meine Mutter und kichert. »Ich habe mir nur gerade die schönen Fotos angeschaut. Da muss ich dich aus Versehen angerufen haben.«

»Mama, schau doch mal in die Kamera. Du bist auf Facetime und ich sehe nur dein Ohr«, sage ich.

»Was?«, fragt meine Mutter.

»Dein Ohr«, sage ich. »Ich sehe nur dein Ohr.«

Rascheln, irgendwo ein Palmwedel. Ich verdrehe die Augen und schaue mir selber dabei zu. Dann erscheint das große Auge meiner Mutter auf dem Bildschirm.

»Schau mal, da ist sie ja!«, jauchzt meine Mutter. »Schätzchen, ich kann dich ja sehen!«

Das Auge meines Vaters schiebt sich in den kleinen Bildschirm.

»Siehst du uns auch?«, brüllt meine Mutter jetzt aus dem Hintergrund.

»Ich sehe nur ein Auge«, sage ich. »Haltet das Telefon doch mal weiter weg.«

Und plötzlich sehe ich die beiden Gesichter meiner Eltern. Im Hintergrund wehende Palmen und eine Beachbar im Fackelschein.

»Ich wollte dich gar nicht anrufen«, sagt meine Mutter noch einmal. »Ich wollte mir nur die schönen Fotos anschauen, da muss ich wohl auf einen falschen Knopf gedrückt haben. Aber trotzdem schön, dich zu sehen.«

»Du solltest ins Bett gehen. Du siehst so zerquetscht aus«, sagt mein Vater.

»Das ist das Telefon«, sage ich und hebe es noch ein wenig

an. Aus einem bestimmten Winkel sehe ich besonders gut aus, finde ich. Ich drehe meinen Kopf ein bisschen hin und her. So sieht das wirklich gut aus.

»Schätzchen?«, fragt meine Mutter. »Bist du noch dran?«

Nach zwanzig Minuten, in denen meine Eltern mir die Hotelbar, das Meer und ihre Tischnachbarn vorgestellt haben, legen wir auf.

Ich gehe noch mal auf die Toilette, bevor ich mich schlafen lege. Mein Telefon nehme ich mit. Ich nehme mein Telefon oft mit aufs Klo: zum Zeitunglesen, zum E-Mails-Checken und manchmal auch zum Videosgucken. Man darf sich das Telefon nur nie in die hintere Hosentasche stecken, wenn man aufs Klo geht. Mir ist es beim Hoserunterziehen tatsächlich schon mal in die Schüssel gefallen. Es war kaputt, obwohl ich es danach drei Tage lang in Reis eingelegt hatte. Der Reis zieht angeblich das Wasser aus dem Gehäuse.

Ein Exfreund von mir hat mich immer angerufen, wenn er zum Kacken aufs Klo gegangen ist. Das war aber, bevor es Smartphones gab. Er hat nie gesagt, dass er auf der Toilette sitzt, aber ich habe immer die Spülung gehört, kurz bevor er aufgelegt hat. Heute ruft mich dieser Exfreund nur noch an, wenn er im Auto sitzt.

Also, ich nehme mein Telefon oft mit aufs Klo, um eben zu lesen oder im Internet zu surfen. Dafür muss ich auch meine Brille mit auf die Toilette nehmen. Und jedes Mal muss ich an einen Witz denken, den ich mal irgendwo gelesen habe: »Nur weil man mit Brille aufs Klo geht, heißt das nicht, dass man ein Klugscheißer ist.«

Ich setze mich auf die Toilette und sehe, dass meine Schwiegermutter ein Video per WhatsApp geschickt hat. Meine Schwiegermutter ist zehn Jahre jünger als meine Mutter und hat auch ein Smartphone. Sie hat außerdem WhatsApp für sich entdeckt und schickt uns jetzt seit Monaten »witzige« Tiervideos, tanzende Papageien und tippende Katzen, springende Spinnen, Kettenbriefe und Onlinepetitionen.

Normalerweise schaue ich mir die Videos gar nicht mehr an. Aber es ist halb ein Uhr morgens und ich sitze auf dem Klo. Ich drücke auf das Video. Lauter Hasen, die herumspringen, eigentlich ganz niedlich. Auf einmal fangen die Hasen an, nicht nur um sich herum zu springen, sondern sich gegenseitig zu bespringen. Rammelnde Hasen von meiner Schwiegermutter! Ich erschrecke so sehr, dass ich fast das Handy fallen lasse. Gerade bekomme ich es noch zu fassen, bevor es auf den Boden fällt. »Dudeldulitt«, macht das Telefon, »dudeldulitt, dudeldulitt.« Ich starre ungläubig auf den Bildschirm meines Telefons, da erscheint das sehr verschlafene Gesicht meiner Schwiegermutter auf dem Bildschirm.

»Hallo?«, sagt sie. Im Gegensatz zu meiner Mutter weiß sie sehr genau mit dem Telefon umzugehen und hält es im richtigen Abstand zu ihrem Gesicht. »Ist was passiert?«, fragt sie.

Wie es scheint, habe ich sie aus Versehen angerufen, als ich das Telefon vor dem Zerschmettern gerettet habe. Ich sehe mein Gesicht in der rechten Ecke. Von unten. Mann, sehe ich alt aus. Boah, und das Doppelkinn und so zerquetscht. Hinter mir weiße Fliesen. Eindeutig Badezimmer. Sitzend. Eindeutig auf der Toilette sitzend.

»Bist du gerade im Badezimmer?«, fragt meine Schwiegermutter.

»Ja«, sage ich. Wie peinlich, denke ich.

»Es ist fast ein Uhr nachts«, sagt meine Schwiegermutter. »Was machst du denn im Badezimmer?«

»Ich meditiere«, sage ich. Ich werde ihr kaum erzählen, dass ich gerade beim Kacken bin. Und meditieren kann man überall.

»Schlaft ihr noch nicht?«, fragt sie. Vorwurfsvoll. Ihr Sohn ist Lehrer und braucht seinen Schlaf.

»Ich meditiere, damit ich besser schlafen kann«, sage ich. Ich versuche, das Telefon so zu halten, dass sie nicht merkt, dass ich auf dem Klo sitze.

»Bist du etwa auf dem Klo?«, fragt sie.

»Mit wem redest du denn da?«, ruft mein Mann aus dem Schlafzimmer. Er ist aufgewacht.

»Mit deiner Mutter!«, rufe ich.

»Du telefonierst mit meiner Mutter auf dem Klo?«, ruft er.

»Facetime«, sage ich.

»Du bist also doch auf dem Klo, wusste ich's doch!«, sagt meine Schwiegermutter.

»Du redest über Facetime mit meiner Mutter auf dem Klo?«, ruft mein Mann.

»Ja!«, rufe ich zurück.

»Es ist fast ein Uhr morgens«, ruft er.

»Ich weiß«, rufe ich zurück. »Ich war beim Meditieren, als sie anrief.«

»Das riecht man bis hier!«, ruft er.

»Ich muss jetzt auflegen«, sage ich zu meiner Schwiegermutter.

»Du siehst irgendwie so alt aus«, sagt sie.

Ich schaue wieder in die rechte Ecke in mein Gesicht. Ich sehe wirklich alt aus.

Wir verabschieden uns, und bevor ich mich erhebe, schreibe ich noch schnell eine WhatsApp an meine Schwiegermutter, damit das mit dem Meditieren glaubwürdiger rüberkommt: »Bin beim Meditieren fast eingeschlafen.« Als ich abgeschickt habe, merke ich, dass da dank Autokorrektur steht: »Bin beim Masturbieren fast eingeschlafen.«

»Dudeldulitt, dudeldulitt«, macht das Handy.

Schnell werfe ich es ins Klo und drücke die Spülung.

ZWEI:
TIERE

Frühling

Es wird Frühling in der Hasenheide. Zu den fast schon versteinerten und ausgetrockneten Hundehäufchen des Winters gesellen sich die schmierigen auseinanderlaufenden Hundefladen des Frühjahrs. Ob Hunde im Frühling mehr Durchfall haben als im Winter? Ob das an den unterschiedlichen Diäten der Tiere liegt? Im Winter vielleicht Trockenfutter, im Frühling dann das feuchte aus der Dose, das immer so riecht wie Thunfisch?

Noch gibt es keine kleinen Zicklein im Kaschmirziegengehege in der Hasenheide, aber die Liebe, sie liegt in der Luft. Die Spatzen jagen sich, die Enten schnattern lauter als sonst und im Hühnergehege kräht der Hahn, als ob gerade die Sonne aufgeht. Tatsächlich ist es aber kurz nach vier Uhr nachmittags, als ich mit meinen Kindern daran vorbeigehe. Mein Sohn ist drei Jahre alt, meine Tochter ist sechs und lernt gerade lesen in der Schule. Weil der Hahn so laut kräht und die Enten so laut schnattern, bleiben wir stehen und gucken.

»Schau mal, Mama, der große Hahn«, ruft meine Tochter.

Der Hahn ist wirklich groß im Vergleich zu den Hennen und sein Kamm ist geschwollen und das Teil, das unter seinem Kinn hängt, ist auch geschwollen und er stolziert herum, als ob er der einzige Hahn im Hühnergehege wäre. Er ist es auch.

Dann springt der Hahn auf eine Henne drauf. Die flattert und gackert.

»Der Hahn springt auf eine Henne drauf!«, ruft meine Tochter.

»Hmhm, weißt du«, sage ich, »wenn der Hahn auf die Henne springt ...«

»Ich weiß schon«, unterbricht mich meine Tochter. »Wenn der Hahn auf eine Henne springt, dann legt das Huhn ein Ei.«

»Hmhm«, sage ich. »So ähnlich.«

»Aber wo ist das Ei?«, fragt meine Tochter nach ein paar Minuten.

»Osterhase«, sagt mein Sohn.

Neben dem Hühnergehege auf dem Weg zu den Pferden und den Kamelen steht eine steinerne Säule am Wegesrand. Sie ist voller Graffiti. Während mein Sohn und ich immer noch dem Hahn beim Begatten der Henne zuschauen – mit uns tun das auch noch zehn weitere Erwachsene mit ihren Sprösslingen in allen Altersstufen –, rennt meine Tochter zur Säule und versucht sich an ihren Lesekünsten.

»Ffff. Ffffo...«, ruft sie. »Fot... Fotze. Mama, auf der Säule steht ›Fotze‹«, brüllt meine Tochter zu uns herüber.

»Ihre Tochter kann aber schon sehr gut lesen«, sagt ein Mann mit Hornbrille, der direkt neben mir und meinem Sohn steht.

»Ich weiß«, sage ich.

»Mama!«, brüllt meine Tochter. »Was heißt ›Fotze‹?«

»Aber besonders schlau ist sie nicht gerade«, sagt der Mann mit Hornbrille.

Die zwei Kinder des Mannes stehen neben ihm. Die Kinder sind sehr hässlich, denke ich.

Neben dem Hühnergehege gibt es auch noch eines für Schafe. Es gibt dort einen großen verfilzten Schafbock, ein ganz hübsches Schaf und im Frühling immer kleine Lämmchen. Aber noch ist es nicht so weit. Der verfilzte Schafbock schnuppert gerade am Hintern des hübschen Schafes und dann kackt das hübsche Schaf so richtig runde, glänzende Köttel. Mein Sohn und der Mann mit Hornbrille schauen sehr interessiert zu. Der verfilzte Schafbock fängt an, die frisch gekackten Köttel zu essen.

»Ich hab Hunger«, sagt mein Sohn.

Ich suche in meiner Tasche nach einer halb gegessenen Brezel. Das Rascheln lockt sowohl den verfilzten Schafbock wie auch das hübsche Schaf an.

»Ich hab Hunger«, sagt mein Sohn jetzt lauter. Und ich finde alles in meiner Tasche, nur die Brezel nicht.

»Ich hab Huuuuuunger!!!«, brüllt mein Sohn jetzt.

»Vielleicht mag Ihr Sohn ja Popcorn?«, fragt der Mann mit Hornbrille und den hässlichen Kindern neben uns.

Die Augen meines Sohnes leuchten.

»Popcorn«, sagt der Mann zu mir, »Popcorn ist vegan, glutenfrei und auch sonst der perfekte Snack für zwischendurch.« Er holt eine Papiertüte aus seiner Umhängetasche. »Magst du Popcorn?«, fragt der Mann meinen Sohn. Der nickt und nimmt die Tüte entgegen. Die zwei hässlichen Kinder des Mannes schauen meinem Sohn dabei zu, wie er die Popcorntüte öffnet.

»Danke«, sage ich. »Das ist aber nett von Ihnen.«

»Ach«, sagt der Mann und schüttelt ganz gerührt über sich selbst den Kopf.

»Sag schön Danke«, sage ich zu meinem Sohn.

»Das soll man ja eigentlich nicht«, sagt der Mann mit

Hornbrille. »Kinder sollen da ja von selbst drauf kommen, dass man sich bedanken sollte«, sagt er. »Nur dann ist es ein ehrliches Danke«, sagt er.

»Danke«, sage ich noch mal. Mein Sohn sagt nichts und steckt seine kleine Hand in die Popcorntüte. Er macht den Mund voll. Er kaut einmal, seine Augen weiten sich und er spuckt das Popcorn wieder aus. Er röchelt und hustet. »Iiiirgh!«, brüllt mein Sohn.

»Salziges Popcorn«, sagt der Mann mit Brille. Mein Sohn fängt an zu weinen. »Das ist viel gesünder als süßes«, sagt der Mann.

»Das schmeckt ganz eklich«, weint mein Sohn.

»Meine Kinder mögen das«, sagt der Mann mit Brille und schaut seine Kinder an. Seine Kinder schauen die Schafe an. Sie sind eigentlich gar nicht hässlich, denke ich. Sie sehen nur traurig aus.

Der verfilzte Schafsbock fährt fort, die Köttel des hübschen Schafes zu essen. »Ich hab Hunger«, brüllt mein Sohn noch mal.

»Mama«, brüllt meine Tochter. Sie steht immer noch neben der Säule, auf der »Fotze« steht.

Ich will dem Mann die Tüte Popcorn wiedergeben. »Behalten Sie die mal«, sagt der Mann. »Wenn Sie noch zehn Minuten warten, isst Ihr Sohn auch salziges Popcorn«, sagt er.

Seine Kinder schauen weg.

»Mama«, brüllt meine Tochter. »Ich will zu den Pferden!«

»Und Sie?«, fragt der Mann mit Hornbrille. »Bereuen Sie es nicht manchmal, dass Sie Mutter geworden sind?«, fragt er und schaut auf meinen wirklich knuffigen Sohn.

Ich schaue ihn fragend an.

»Ihre Tochter hat wirklich eine sehr laute Stimme«, sagt der Mann.

»Sie hat eine schöne laute Stimme«, sage ich und nehme meinen Sohn an die Hand, um meiner Tochter zu folgen.

Bei den Pferden angelangt, hört mein Sohn auf zu weinen. Mein Sohn liebt Pferde. Meine Tochter auch.

»Sandmann«, ruft mein Sohn zärtlich durch den Zaun. Sandmann ist eines von den etwa fünf Ponys in der Hasenheide, auf denen man am Wochenende reiten kann. »Sandmann, komm mal her«, ruft mein Sohn. Sandmann ist das älteste Pony in der Hasenheide. Sandmann ist auf einem Auge blind.

»Sehr geehrte Besucher, ich bin seit meiner Kindheit auf einem Auge blind. Sie brauchen sich nicht zu sorgen«, steht da auf einem Schild neben dem Pferdegehege.

»Sternchen«, ruft meine Tochter. Zwei Ponys kommen auf uns zugetrottet. Sandmann und Sternchen. Meine Tochter streichelt Sternchen zwischen den Ohren.

»Vorsicht! Tiere können beißen«, steht da auch auf einem Schild. Aber Sternchen und Sandmann beißen nicht. Toni der Esel schon. Aber das weiß der Mann mit Hornbrille und den zwei traurigen Kindern nicht, wie es scheint. Sie sind uns gefolgt und stehen jetzt vor Tonis Gehege. Toni der Esel ist nicht besonders freundlich und dreht ihnen sein Hinterteil zu. Der Mann kramt in seiner Umhängetasche herum und sofort dreht sich Toni um und kommt zum Zaun.

Meine Kinder streicheln weiter Sandmann und Sternchen und schielen ab und zu rüber zu den traurigen Kindern und dem Mann mit Hornbrille. Er hat noch eine Tüte mit Popcorn rausgeholt und wirft das Popcorn jetzt dem Esel Toni vor die Füße.

»Mama«, flüstert meine Tochter laut, »Mama, das darf der Mann nicht.« Der Mann schaut zu uns rüber.

Ich zeige auf ein Schild neben den Pferden: »Warum habt ihr mich totgefüttert?«, steht da. »In Gedenken an unser Pony Schneemann«, steht da und zu sehen ist ein Bild von einem schneeweißen Pony. »Gestorben am 27.2.2010«, steht da. Meine Tochter hat es mir schon gefühlte hundert Mal vorgelesen.

Toni schnuppert nur am Popcorn und dreht dann dem Mann und seinen Kindern wieder den Rücken zu.

»Toni mag auch kein salziges Popcorn«, ruft mein Sohn dem Mann mit Hornbrille zu, als der mit seinen Kindern das Tiergehege verlässt. Und dann trete ich in einen schmierigen Hundehaufen. Hunde sollten mehr Popcorn essen, denke ich.

Das Haustier

Meine Tochter wünscht sich ein Haustier. Sie ist sieben Jahre alt.

»Was für ein Haustier wünschst du dir denn?«, frage ich sie. Dabei wickle ich meinem Sohn gerade ein Handtuch um seinen Oberkörper. Mein Sohn ist vier und bekommt heute seinen ersten Haarschnitt.

»Ein Meerschweinchen«, sagt meine Tochter. Ich nicke zustimmend. »Ich hatte auch zwei Meerschweinchen, als ich so alt war wie du.«

Ich denke an Rüffel und Quieker. Ich hatte sie zum siebten Geburtstag bekommen und sie wurden beide acht Jahre alt, obwohl wir ihnen *nie* auch nur einen Schluck Wasser gegeben haben. Meine Mutter hatte damals in einem Buch gelesen, dass Meerschweinchen nichts zu trinken brauchen. Das war ein Buch aus den Siebzigern. Meine Tochter hat neulich auch ein Buch über Meerschweinchen aus der Schule mitgebracht, in dem steht, dass Meerschweinchen täglich frisches Wasser brauchen, sonst würden sie eingehen. Da steht aber auch, dass Meerschweinchen durchschnittlich nur fünf Jahre alt werden.

Meine Tochter weiß jetzt alles über Meerschweinchen.

»Man kann auch Babykrokodile als Haustier haben«, sagt mein Sohn. »Oder Bartagamen.« Meine Tochter nickt. »Aber Meerschweinchen sind kuscheliger«, sagt mein Sohn.

»Meerschweinchen fühlen sich einsam, wenn sie allein sind. Sie sterben dann schneller«, erklärt uns meine Tochter. »Deshalb bräuchten wir auch zwei.«

»Für jeden eines«, sagt mein Sohn.

Dann mache ich den Fernseher an. *Feuerwehrmann Sam* fängt gerade an. Für die Menschen ohne Kinder: *Feuerwehrmann Sam* ist eine Kinderserie über einen Feuerwehrmann namens Sam, der am gefährlichsten Ort der Welt lebt. Nämlich in dem Städtchen Pontypandy, denn dort brennt es wirklich immer irgendwo.

Ich hole die Haarschneideschere und will sie schon gerade ansetzen, da sagt mein Mann: »Weißt du überhaupt, was du da tust?«

Unser Sohn hatte, bis er drei Jahre alt war, fast kein einziges Haar auf dem Kopf. Wir waren so glücklich, als die Haare letztes Jahr auf einmal zu sprießen anfingen. Ihm die Haare zu schneiden, ist ein großes Ding. Aber die Haare sind regelrecht gewuchert im letzten Jahr. Vor allem hinten. Unser vierjähriger Sohn sieht aus, als wenn er geradewegs aus den Achtzigern käme. Sein Vokuhila ist ein Knaller.

Ich schaue meinen Sohn an und ich sehe Rod Stewart. Ich schaue meinen Mann an und denke daran, wie er letztes Wochenende die Spülmaschine repariert hat. Er hat sich vorher ein YouTube-Video angeschaut, wie man genau diese Spülmaschine repariert.

Am Ende des YouTube-Videos hielt der Mann im Film ein achteckiges kleines Stück Metall in die Höhe und meinte: »Wahrscheinlich bleibt bei Ihnen jetzt so etwas übrig und Sie wissen nicht, wo es hingehört.« Mein Mann hielt tatsächlich genau das gleiche Stück Metall in die Höhe, ohne zu wissen, woher er es hatte und wohin damit. Der Mann in dem You-

Tube-Video hat es einfach in den Müll geworfen. Mein Mann auch.

Ich hole den Laptop und kurz darauf habe ich auf YouTube das richtige Video gefunden: »How to cut kids' hair«. In acht Minuten erklärt eine nette Amerikanerin, wie man kleinen Kindern die Haare schneidet. Dabei schneidet sie einem etwa dreijährigen blonden Kind, das meinem Sohn erstaunlich ähnlich sieht, die Haare.

Während sie schneidet, weist sie die Zuschauer darauf hin, dass man erst visualisieren soll, wie das Kind nach dem Haarschnitt aussehen soll. Sie visualisiere immer Daniel Radcliffe, den Schauspieler, der Harry Potter gespielt hat. Außerdem, Vorsicht! Kleine Kinder könnten sich sehr schnell und unerwartet bewegen, dabei könne es zu Verletzungen kommen. Sie hebt eine Packung Pflaster in die Höhe.

Nach etwa vier Minuten werden ich und das Kind aus dem YouTube-Video ungeduldig. Das Kind bewegt sich hektisch und bekommt einen Klaps auf den Hinterkopf. Aber endlich habe ich verstanden, wie man Ponys schneidet.

In der fünften Minute, gerade als die nette Amerikanerin zeigt, wie man den Übergang von der Seite nach hinten hinbekommt, werde ich von einem Schrei unterbrochen: »Hilfe!«, ruft mein Mann laut. »Mamaaaaa«, ruft meine Tochter.

In Pontypandy ist gerade das Boot von Charlie dem Fischer explodiert. Mein Sohn sitzt immer noch mit nacktem Oberkörper und Handtuch um den Hals und guckt mit offenem Mund zu. Meine Tochter und mein Mann stecken die Köpfe zusammen. Ich entdecke eine grasgrüne Raupe auf dem schwarzen Hosenbein meines Mannes.

In meiner Familie bin ich leider von Insektenphobikern umgeben. Jeder Fliege, jeder Mücke, jeder Spinne und jedem Käfer muss ich nachjagen. Aber ich bin es nie leid, auch hier pädagogisch tätig zu werden: Ich pflücke die Raupe vom Hosenbein meines Mannes und setze sie mir auf die Hand. »Schaut mal, wie hübsch«, sage ich. Auch mein Sohn wendet jetzt seinen Blick vom Fernseher ab.

»Können wir sie in ein Glas tun?«, fragt meine Tochter und holt ein ausgewaschenes Joghurtglas aus der Küche. Ich lasse die grüne Raupe hineingleiten und mein Mann googelt »Raupe«.

»Wir haben ein Haustier«, brüllt mein Sohn.

Die Kinder drehen und wenden das Glas und beobachten die Raupe. »Sie soll Kiki heißen«, sagt meine Tochter und schreibt einen Zettel, auf dem »KIKI« steht. Den Zettel klebt sie auf das Joghurtglas. Währenddessen liest mein Mann vor, was er alles über Raupen als Haustiere im Internet findet. Und er findet so einiges:

Raupen seien sehr empfindlich und können sich die Beinchen brechen, wenn man sie einfach von irgendwo weghebt.

»Mama, du hast die Raupe doch einfach hochgehoben«, sagt meine Tochter mit ängstlichen Augen. »Vielleicht hat Kiki sich ein Bein gebrochen?«

Man sollte Raupen auch nicht einfach fallen lassen, sie könnten dabei sterben, liest mein Mann vor. Meine Tochter schreit auf. »Kiki«, ruft sie und fängt an zu weinen. »Vielleicht ist sie schon tot«, sagt sie. Mein Sohn nimmt das Joghurtglas und schüttelt es kräftig. »Sie bewegt sich noch«, brüllt er.

Meine Tochter entreißt ihm das Glas und setzt es sehr vorsichtig auf einem Tisch ab. Raupen sind sowieso nicht besonders überlebensfreudig, liest mein Mann vor. Nur dreißig Prozent aller Raupen überleben. Der Rest wird gefressen oder – man glaubt es kaum – verhungert. Raupen würden nämlich eher verhungern, als das falsche Essen zu futtern, steht da. Und Raupen haben immer nur eine Wirtspflanze, von der sie sich ernähren.

»Was Kiki wohl fressen mag?«, fragt sich meine Tochter.

Wir legen Salat und ein paar Apfelbaumblätter aus unserem Schrebergarten ins Glas.

Wir lesen alles über das Verpuppungsstadium und finden unsere Raupe richtig interessant. Jetzt müssen wir nur noch herausfinden, was Kiki für ein Schmetterling wird, wenn sie geschlüpft ist.

Mein Mann zeigt uns ein Foto von einer grünen Raupe im Internet, die genauso aussieht wie Kiki. »Das ist sie«, ruft meine Tochter und mein Mann zeigt uns, was aus Kiki wird nach dem Schlüpfen: ein Frostspanner. Ein Obstbaumschädling. Kiki hat inzwischen angefangen, die Apfelbaumblätter im Glas zu fressen.

Leider sieht der Frostspanner nach dem Schlüpfen nicht besonders schön aus. »Der ist voll hässlich«, sagt meine Tochter. »Nicht mal eine Motte.« Der Frostspanner sieht aus wie ein ekliger Käfer. »Mir wäre ein Zitronenfalter lieber«, sagt sie.

Endlich kann ich mit dem Haareschneiden beginnen. Mein Sohn schaut währenddessen weiter *Feuerwehrmann Sam*. Ich schließe ich die Augen und denke an Harry Potter.

»Aua«, ruft mein Sohn empört. Ich öffne die Augen wieder schnell und lege los. Ich mache das gut mit dem Pony, denke ich. Genau wie die nette Amerikanerin.

»Ich habe Angst, dass Kiki stirbt«, sagt meine Tochter und hebt das Joghurtglas hoch. Mein Sohn dreht seinen Kopf blitzschnell, um auch zu gucken.

»Halt still«, sage ich und steche ihm beinahe mit der Schere ins Auge. Ich gebe ihm so einen Klaps auf den Hinterkopf wie die nette Amerikanerin im YouTube-Video und er hält still.

»Aber ich habe noch mehr Angst, dass hier bald die geschlüpften hässlichen Käfer herumkrabbeln«, sagt meine Tochter.

Ich schneide weiter die Haare meines Sohnes und es klappt wirklich ganz gut. Nur zwei Mal muss ich Pflaster holen. Und nachdem ich noch schnell ein YouTube-Video angeschaut habe, wie man Blutungen stoppt, hört auch sein Ohrläppchen endlich auf zu bluten. Das sah natürlich alles ordentlicher aus bei dieser Amerikanerin. Da lagen am Ende keine blutigen Taschentücher rum. Da sah das nicht aus, als hätte sie irgendein kleines Tier geschlachtet. Hat sie wahrscheinlich rausgeschnitten, denke ich.

Der Übergang von den Seiten nach hinten gelang mir leider nicht ganz. Harry Potter sieht anders aus.

»Ein bisschen wie Ringo Starr«, sagt mein Mann.

Ringo Starr ist nicht ganz Harry Potter, aber besser als Rod Stewart.

»Oder wie Angela Merkel«, sagt meine Tochter.

Drei Tage später müssen wir Kiki begraben. Sie ist vertrocknet.

Tristan

Mein Bruder und ich gehen mit unseren Kindern ins Naturkundemuseum. Es ist Samstagvormittag. Wir wollen vor allem natürlich das Skelett des Tyrannosaurus Rex sehen, das jetzt seit über einem Jahr dort ausgestellt wird.

Als wir in der U-Bahnstation Naturkundemuseum ankommen, hängen dort überall riesige Plakate mit den Zähnen des T-Rex herum. »Tristan«, steht drauf. »Tristan – Berlin zeigt Zähne«, steht auch auf der Broschüre, die ich in der Hand halte, um mich im Vorfeld über den T-Rex zu informieren, damit ich, wie eine gute Mutter, die Infos an meine Kinder und Neffen weitergeben kann, sollten sie denn fragen.

»Wieso heißt der Tyrannosaurus Rex eigentlich Tristan?«, fragt meine Tochter.

»Tristan und Otto – die Söhne der beiden Eigentümer sind die Namenspaten des T-Rex«, lese ich laut aus der Broschüre vor.

»Und Otto?«, fragt meine Tochter. »Auf den Plakaten steht nirgends Otto.«

»Ein T-Rex namens Otto«, sagt mein Bruder und kichert.

Wir stellen uns am Kassenhäuschen an, um unsere Eintrittskarten zu kaufen.

»Hinweis«, lese ich vor: »In den Saurierausstellungen werden real anmutende Animationsfilme mit Jagdszenen von Sauriern gezeigt, die Kinder erschrecken könnten.«

Ich schaue die Kinder an. Mein Neffe bekommt glänzende Augen, meine Tochter winkt ab und mein dreijähriger Sohn ruft: »Erschrecken, jaaaaaaa!«

Mein Sohn ist der Einzige, der den T-Rex schon mit der Kita besucht hat. »Das is der Langhals«, sagt er und zeigt fachmännisch auf eines der riesigen Dinoskelette im Eingangsbereich des Naturkundemuseums.

»Das ist Otto?«, fragt mein dreizehnjähriger Neffe etwas abschätzig.

»Der Dinosaurus Rex is woanders«, sagt mein Sohn und übernimmt damit die Führung. »Der da isst nur Pflanzen. Es gibt auch ganz viele ausgestorbene Tiere hier«, erklärt er und rennt dann schnell an uns vorbei in den Raum, wo Tristan das T-Rex-Skelett steht.

Das Skelett ist schwarz. Das ist leider das Einzige, was mir besonders auffällt. Ansonsten sieht es genauso aus, wie ich es mir vorgestellt habe. Oder besser, wie ich es im Film *Jurassic Park* gesehen habe. Meine Kinder haben den Film zum Glück noch nicht gesehen und stehen vor dem Skelett mit offenen Mündern.

»Oha«, sagt meine Tochter.

»Der is ausgestorben«, sagt mein Sohn.

»Wie in *Jurassic Park*«, sagt mein dreizehnjähriger Neffe und gähnt.

Danach gehen wir zu den ausgestopften Tieren.

»Schau mal, da ist Knut«, sagt mein Neffe und tatsächlich sitzt dort in einem Glaskasten der ehemalige Kinderstar des Berliner Zoos: Knut der Eisbär. Ich kann mich noch gut erinnern, wie er damals, im Frühling 2007, als kuscheliges, niedliches, herumkugelndes Wollknäuel die ganze Welt verzückt hat. Und dann war da natürlich auch noch Thomas Dörflein, Knuts langhaariger Pfleger, der ihn mit der Flasche großgezogen hat und den Rest der Welt betört hat. Leider ist er, nachdem er nicht mehr permanent mit Knut zusammen sein durfte, weil ausgewachsene Eisbären einfach zu gefährlich sind, gestorben. Bestimmt an gebrochenem Herzen. Ein paar Jahre später starb auch Knut. An einer Hirnhautentzündung.

Ich reibe mir die Augen und schaue mir ihn im Glaskasten genauer an. Er schaut sehr, sehr traurig und ist sehr, sehr mager. Mit seinem vergilbten Fell sieht Knut so aus, als hätte er Kette geraucht.

»Hat Thomas Dörflein eigentlich geraucht?«, frage ich meinen Bruder.

Der zuckt mit den Achseln.

Mein Sohn drückt sich die Nase an der Scheibe vor Knut platt. »Ausgestorben«, sagt er.

»Ausgestopft«, korrigiere ich.

»Schau mal«, brüllt meine Tochter. Sie steht vor einem Glaskasten ein paar Meter weiter, in dem ein ausgestopftes Eichhörnchen zu sehen ist.

»So süß«, ruft meine Tochter und das Eichhörnchen sieht wirklich wahnsinnig niedlich aus, wie es so tot daliegt.

Ich schaue mir den Glaskasten genauer an. Hier wird Schritt für Schritt gezeigt, wie das mit dem Ausstopfen geht: Erst sieht man das niedliche tote Eichhörnchen. Dann sieht man das nicht mehr so niedliche, sondern eher horrorfilmartige Eichhörnchen in gleicher Position, nur ohne Fell: ein blutiger Klumpen aus Muskeln, Knochen und Sehnen. Und dann sieht man nur das Fell ohne Inhalt, wie ein Skalp eben.

Habe ich alles schon in *Inglourious Basterds* gesehen, das mit dem Skalpieren. Meine Tochter nicht.

Danach sieht man das Eichhörnchen in halb ausgestopftem Zustand.

Mein Bruder stellt sich neben mich. »Eigentlich hätte man Thomas Dörflein auch ausstopfen können«, sagt er.

»Wer ist Thomas Dörflein?«, fragt meine Tochter.

»Das war der Wärter von Knut, der ihn von klein auf großgezogen hat«, sage ich. Meine Stimme zittert ein bisschen.

»Ist der auch ausgestorben?«, fragt mein Sohn, der inzwischen auch vor dem taxidermischen Erklärungskasten steht. »Was ist das?«, fragt er und zeigt auf den blutigen Klumpen Eichhörnchen ohne Fell.

»Das ist ein gehäutetes Eichhörnchen«, sagt mein dreizehnjähriger Neffe, der sich auch zu uns gesellt hat.

»Ich habe Hunger«, sagt mein Sohn.

»Ist Thomas Dörflein denn auch ausgestorben?«, fragt meine Tochter.

»Der ist gestorben, aber nicht ausgestorben«, sage ich.

»Wie in *Inglourious Basterds*«, sagt mein Neffe und zeigt auf den Eichhörnchen-Körperskalp.

»Ich habe Hunger«, sagt mein Sohn noch mal und beginnt, die Scheibe abzulecken. Das erinnert ihn sicher an die *Geflügeloase* in der Marheineke-Markthalle, denke ich. Da riecht es immer so lecker nach Brathähnchen, aber in der Auslage sieht man nur gerupfte Hühner. Da leckt er auch immer die Scheibe ab.

Eigentlich gemein, den Geflügelmetzgerstand in der Markthalle »*Geflügeloase*« zu nennen. Eine »Oase« ist eigentlich ein Vegetationsfleck in der Wüste, an dem man sich ausruhen kann und Frieden finden. Das tun die toten Vögel dort nun ja nicht gerade. Vielleicht aber soll ja das Geflügel die Vegetation darstellen und die Markthalle die Wüste, dann ist die *Geflügeloase* sozusagen ein »dream come true« für Karnivoren inmitten des veganen und vegetarischen Epizentrums von Kreuzberg. Genau der richtige Laden für einen Tyrannosaurus Rex eigentlich.

Und dann kommen wir endlich in den Raum mit den real anmutenden Animationsfilmen mit Jagdszenen von Sauriern, die alles zerfleischen. Die Kinder jubeln. Ich schließe die Augen und denke an Thomas Dörflein.

Cui, cui

Wir sind jetzt Trendsetter.

Nach Carsharing, Foodsharing und Flatsharing machen meine Familie und ich jetzt Petsharing. Petsharing, zu Deutsch: das Teilen von Haustieren.

Ich kenne jemanden, der sich mit seinem besten Freund einen Hund teilt. Das heißt, zweimal die Woche hat er den Hund, die anderen Tage der beste Freund. Ich kenne aber noch niemanden, der das mit Meerschweinchen macht.

Meine Kinder und die Kinder meiner besten Freundin haben zusammen zwei Meerschweinchen bekommen. Die Meerschweinchen heißen Kuki und Tiger-Sonntag. Die Töchter haben sich auf einen Namen geeinigt und den genderneutralen Namen Kuki gewählt. Ihre kleinen Brüder haben beide auf ihrem Favoriten beharrt und haben dem zweiten Schwein einfach einen Doppelnamen gegeben: Tiger-Sonntag. Es sind zwei Männchen.

»Man sagt Böckchen«, erklärt mir meine Tochter.

Die zwei Meerschweinchen zu finden, war ein nicht ganz unkomplizierter Prozess: Man soll, riet das Internet, keine Meerschweinchen aus Tierläden kaufen, weil sie entweder schwanger, vermilbt oder anderweitig krank sein könnten.

Wir schauten uns nach Meerschweinchenzüchter*innen in der Umgebung von Berlin um. Viele gab es nicht. Der erste Züchter lehnte es nach einem Hausbesuch bei beiden Familien strikt ab, uns Meerschweinchen zu verkaufen. Er gebe seine Meerschweinchen nicht in solch ungeordnete Verhältnisse, begründete er seine Absage.

Endlich fanden wir jemanden in Waltersdorf, der uns weiterhelfen konnte. Die Frau beschrieb sich im Internet als Meerschweinchenliebhaberin, nicht als Züchterin. Ich stellte sie mir vor, wie sie sich nackig auf einer Decke aus Meerschweinchenfell räkelt, so Cruella-De-Vil-mäßig.

In Waltersdorf machte uns eine Frau um die sechzig die Tür auf. Sie führte uns durch ihre Wohnung nach draußen.

In dem kleinen Garten standen zwanzig Holzkäfige. Alle voll mit Meerschweinchen. Die Kinder liefen vor Entzücken kreischend auf die Ställe zu und guckten hinein.

»Halten Sie Ihre Kinder zurück«, brüllte die Meerschweinchenliebhaberin. »Das sind alles Feriengäste«, erklärte sie und zeigte auf die Meerschweinchen in den Käfigen. »Denen darf nix passieren.« Sie passe hauptberuflich auf die Meerschweinchen anderer Leute auf, wenn die gerade im Urlaub wären. Der Meerschweinchennachwuchs wäre größtenteils das Resultat der Vermischung der Feriengäste. Oha, dachte ich, ein Swingerclub für Meerschweinchen.

Sie holte einen Karton unter dem Gartentisch hervor. Drinnen saßen acht kleine Meerschweinchen. Wir schauten gerührt in das wollige Gewusel, als plötzlich ein Flugzeug im Landeanflug mit ohrenbetäubendem Lärm über uns drüberbretterte. Die Meerschweinchen reckten alle ihre Hälse, hoben ihre Schnäuzchen in die Luft und quiekten so laut, als ob sie den Motorenlärm übertönen wollten.

»Den Fluglärm finden die Meerschweinchen wohl nicht so gut«, stellte ich fest.

»Ach?«, sagte die Meerschweinchenliebhaberin und schaute ganz überrascht in den Himmel, so als ob sie das Flugzeug dort gerade erst bemerken würde. »Nee, da haben die sich schon dran gewöhnt«, sagte sie.

Wir entschieden uns für zwei braun-schwarz gefleckte Böckchen.

»In Peru werden bis zu 65 Millionen Meerschweinchen im Jahr verzehrt«, erzählte meine beste Freundin auf dem Weg zurück nach Hause. »Dort werden die Meerschweinchen Cui genannt. Weil sie dieses Geräusch machen, wenn sie geschlachtet werden: ›Cui, cui‹.« Sie war mit achtzehn als Austauschschülerin für ein ganzes Jahr in Peru.

Und jetzt machen wir mit Tiger-Sonntag und Kuki Petsharing. Zwei Wochen sind sie bei uns, zwei Wochen bei meiner besten Freundin und ihrer Familie.

Die Käfige müssen nicht alle zwei Wochen umziehen. Jede Familie besitzt einen eigenen. Nur, der von meiner besten Freundin ist ein kleines bisschen größer als der von uns. Den Kindern und mir fällt es sehr schwer, als wir uns das erste Mal von Kuki und Tiger-Sonntag trennen müssen. Na ja, mir fällt es sehr schwer. Die ersten Tage ohne die Meerschweinchen höre ich die beiden noch quieken und murren. Phantomgeräusche. Nach einer Woche bin ich mir sicher, dass meine beste Freundin die Meerschweinchen nicht richtig füttert. Außerdem denke ich die ganze Zeit darüber nach, woher sie weiß, welche Geräusche Meerschweinchen machen, wenn sie geschlachtet werden.

Am Wochenende besuchen wir die Meerschweinchen. Sie sind gewachsen, sehen aber sehr durstig aus. Allerdings haben sie tatsächlich mehr Platz als bei uns.

Wieder zu Hause sorge ich mich, dass es Tiger-Sonntag

und Kuki bei meiner besten Freundin besser gefallen könnte als bei uns. Ich googele größere Käfige und finde genau das Richtige: den Nagerkäfig Gizeh 100. »Dort finden Ihre Kleintiere einen großzügigen Lebensraum auf zwei Ebenen«, wird versprochen. Kurz, ein doppelstöckiges Luxusapartment für Meerschweinchen.

Zwei Tage später wird er geliefert. Gerade noch rechtzeitig, um ihn aufzubauen, bevor die Meerschweinchen wieder bei uns einziehen. Der doppelstöckige Käfig ist tatsächlich sehr groß und nimmt fast ein Drittel unseres Wohnzimmers in Beschlag.

»Wo stellen wir dann den Weihnachtsbaum hin?«, fragt mein Mann.

»Dieses Jahr gibt es keinen Baum«, sage ich. »Die Nadeln sind bestimmt giftig für Meerschweinchen.«

Kuki und Tiger-Sonntag finden den Käfig super. Den Meerschweinchen gefällt es jetzt bestimmt bei uns viel besser als bei meiner besten Freundin. Ihr Fell glänzt richtig.

»Das sind doch keine Zustände bei euch«, sage ich, als meine beste Freundin und ihre Kinder uns besuchen kommen. Ich bin mir sicher, sie sind auch nur hier, um zu kontrollieren, wie es den Meerschweinchen geht. »Viel zu wenig Platz«, sage ich.

Zwei Wochen später, als wir die Meerschweinchen wieder abgeben müssen, erleben wir eine Überraschung. Auch meine beste Freundin hat aufgestockt. Aber nicht einfach mit einem doppelstöckigen Käfig: Meine beste Freundin ist sehr gut im Basteln. Sie hat ihnen einen richtigen Palast aus Holz gebaut. Einen, der um die Ecke geht und Plexiglasscheiben statt Gittern hat. Dreistöckig! Mit Türmchen! Habe sie auf Pinterest entdeckt, erklärt sie stolz. Und weil der Palast um die Ecke geht, passt sogar noch ein riesiger Weihnachtsbaum in ihr Wohnzimmer.

»Die Nadeln sind gar nicht schädlich für Meerschweinchen, sondern voller Vitamine«, sagt sie.

»Hast du damals in Peru eigentlich Meerschweinchen probiert?«, frage ich.

»Gegrillt«, sagt sie und lächelt genüsslich. »An einem Spieß, der in Rum getränkt war.« Dann erst bemerkt sie die weit aufgerissenen Augen aller Kinder. Ich kann meine Kinder kaum beruhigen. Sie haben Angst, dass meine beste Freundin Tiger-Sonntag und Kuki aus einer Laune heraus verspeisen könnte. »Wir dürfen sie nicht dort lassen!«, brüllt meine Tochter. Und ich bringe meinen Mann noch am selben Abend dazu, ein neues Gehege für die Meerschweinchen zu entwerfen. Eines, das noch größer ist als der dreistöckige, um die Ecke gebaute Käfig von meiner besten Freundin. Leider ist unser Wohnzimmer viel kleiner als das meiner besten Freundin.

Ein paar Tage später hat mein Mann die Lösung: Wir hängen einfach einige Käfige aneinander und stellen sie an alle vier Wände im Wohnzimmer. So entsteht ein Rundlauf rund um das Zimmer herum. Vier Käfige auf jeder Seite. Beim Eintreten muss man dann nur einen großen Schritt machen. Die Tür hängen wir aus.

Meine Tochter hat zwischenzeitlich die Nummer von einer Tierschutzorganisation rausgesucht und versucht herauszufinden, ob man meiner besten Freundin aufgrund ihrer früheren fehlgeleiteten Fleischgenüsse das Sorgerecht für Kuki und Tiger-Sonntag entziehen kann.

Weihnachten feiern wir dieses Jahr in unserer Küche. Geschenke gibt es auch nur kleine und wenige. Erstens haben wir kaum Platz und zweitens waren die sechzehn Käfige ganz schön teuer. Das Ausmisten dauert auch immer länger.

Meine beste Freundin überlegt sich, ob sie ihr Wohnzimmer komplett als Meerschweinchengehege nutzen wollen. Ohne Gitter und Käfige. »Wohnzimmer werden überbewertet«, findet sie. Vielleicht ist das tatsächlich keine schlechte Idee, denn Tiger-Sonntag ist schwanger.

Meine beste Freundin findet das gar nicht so schlecht: »Die vermehren sich ja sehr schnell.« Sie rechnet: »Bis Juni haben wir vielleicht schon über sechzig Meerschweinchen und dann könnten wir beim Karneval der Kulturen vor unserem Haus auf der Gneisenaustraße einen Grill aufstellen und sie als peruanische Spezialität verkaufen.«

Ich stoße einen entsetzten Schrei aus.

»Meerschweinchen kann man auch zum Heilen einsetzen«, erklärt sie daraufhin beschwichtigend: »Man reibt dabei ein lebendiges Meerschweinchen über den Körper des Patienten. Angeblich quiekt das Meerschwein, wenn es eine kranke Stelle erreicht«, erzählt sie. »Dann tötet der behandelnde Heiler das Tier und öffnet es, um nach der Untersuchung der Organe des toten Meerschweins eine Diagnose zu stellen. Das wäre doch auch eine Möglichkeit«, sagt meine beste Freundin. »Das wäre doch so Berlin«, sagt sie.

Ich schüttle vehement den Kopf. »Aber vielleicht könnten wir eine Meerschweinchenpension für Feriengäste eröffnen?« Mir fällt der Meerschweinchen-Swingerclub in Waltersdorf ein und auf einmal habe ich eine Vision von mir in zehn Jahren: der Hinterhof voller Holzkäfige, ein Flokati aus Meerschweinchenfell in meinem Wohnzimmer ... Und plötzlich finde ich die Idee mit dem Grillstand auf dem Karneval der Kulturen gar nicht mehr so schlecht. Den Kindern muss man ja auch nicht alles erzählen.

Ich schaue Kuki an und ich schaue Tiger-Sonntag an. Die Meerschweinchen heben ihre Schnauzen und quieken.

»Wie schmeckt Meerschweinchen eigentlich?«, frage ich.

»Nach Hühnchen«, sagt meine beste Freundin.

DREI:
ÜBERSINN-
LICHES

Horrorclowns und Halloween

»Mama, Nicola mag Halloween nicht«, berichtet meine Tochter, als sie am 31. Oktober – an Halloween also – aus der Schule kommt.

»Warum denn?«, frage ich.

»Wegen der Horrorclowns«, sagt meine Tochter und schaut mich prüfend an.

Ich habe meiner Tochter absichtlich nichts von den Horrorclowns erzählt, um sie nicht unnötig zu beunruhigen. Ich habe ihr auch nichts von Donald Trump erzählt. Seit ich ihr nämlich von den Junkies in unserem Treppenhaus erzählt habe, hat sie Angst. Auch wenn wir noch nie einen echten Junkie dort gesehen haben. Aber wir haben vor ein paar Wochen die Alufolien gefunden, mit welchen die Junkies in unserem Treppenhaus ihr Heroin rauchen.

»Das ist doch nur der Müll von den Schülerinnen«, sagte mein Mann, als ich ihm die Alufolie zeigte.

Er bezog sich dabei auf die Gymnasiastinnen von der Schule gegenüber, die an regnerischen Tagen gerne ihren Mittagsdöner bei uns im Hausflur essen. Irgendwie hatte es sich im Kiez wohl rumgesprochen, dass unsere Haustür nicht mehr richtig schließt. Aber neben der Alufolie, die ich gefunden hatte, lagen außerdem eine noch rauchende Kippe und Erbrochenes.

»Werd nicht hysterisch«, sagte mein Mann. Ich war gerade

mit den Kindern zur Tür reingekommen. Mein Sohn saß auf meinen Schultern.

»Was wäre, wenn der Kleine die Treppe raufgekrabbelt und in die Heroinkotze getappt wäre? Oder wenn er die Alufolie in den Mund genommen hätte«, sagte ich.

»Worüber redet ihr?«, wollte meine Tochter wissen.

»Hat er aber nicht«, sagte mein Mann. Ich setzte unseren Sohn runter auf den Boden. Er bückte sich und hob etwas vom Fußboden auf. »Mama, schau mal«, sagte er. Er hielt ein altes, grüngräuliches Gummibärchen in der Hand. Dann steckte er es schnell in den Mund.

»Iih«, sagte meine Tochter. Mein Sohn lächelte.

»Da muss man doch was dagegen machen«, sagte ich und stürmte aus der Wohnung. Ich klingelte einen Stock weiter unten bei der Hausverwaltung. Meine Tochter rannte hinter mir her und stand jetzt neben mir.

»Wogegen muss man was machen, Mama?«

Bevor ich antworten konnte, öffnete die blonde Frau mit den toupierten Haaren von der Hausverwaltung die Tür. Unser Postmann, mit dem ich auf Facebook befreundet bin, hat uns schon ein paarmal Päckchen für sie dagelassen, mit dem Hinweis, dass die Päckchen vom Peitschenhandel wären. Dabei hat er verschwörerisch gegrinst. Mein Freund der Postmann hat wohl gedacht, dass er mich damit schockieren kann. Konnte er nicht. Soll sie sich doch Sexspielzeug an die Arbeitsadresse schicken lassen. Ist mir doch egal. Mich beschäftigt vielmehr die andere Firma, die sich das Büro mit unserer Hausverwaltung teilt.

Die Hausverwaltung teilt sich das Büro nämlich mit einer Firma, die Bombenentschärfungsutensilien herstellt. Mein Mann hat das recherchiert, als der Postmann mal vier riesige

Pakete für die Firma bei uns abgegeben hat und diese drei Wochen lang bei uns herumstanden.

Jetzt öffnete die blonde Frau von der Hausverwaltung die Tür, was auch gut war, denn ich wollte ja mit ihr reden.

»Im Treppenhaus hat jemand Heroin geraucht«, sagte ich, noch ganz außer Atem. Die Frau von der Hausverwaltung schaute mich neugierig an.

»Die Alufolie liegt noch rum und Kotze auch«, sagte ich.

Sie verzog ihr Gesicht und hinter ihr erschien ihr Arbeitskollege, nicht der Bombenentschärfer, sondern der von der Hausverwaltung.

»Was ist los?«, wollte er wissen.

Die blonde Frau von der Hausverwaltung sagte: »Sie behauptet, jemand hätte im Treppenhaus Heroin geraucht.«

»Woher wissen Sie das?«, fragte mich jetzt ihr Kollege.

»Wegen der Alufolie«, sagte ich. »Das Heroin wird in der Alufolie geraucht.«

»Döner wird auch in Alufolie eingepackt«, meinte er.

»Ich habe erst kürzlich eine Dokumentation auf Arte gesehen«, sagte ich. »Da wurde erklärt, dass jede Beratungsstelle momentan Alufolienkits herausgibt. Die Junkies werden ermutigt, Heroin zu rauchen statt zu spritzen«, sagte ich. »Weniger Risiken.«

Die blonde Frau von der Hausverwaltung und ihr Kollege schauten mich an.

»Außerdem ist da Kotze«, sagte ich.

Die blonde Frau von der Hausverwaltung verzog wieder das Gesicht.

»Zeigen Sie mir mal, wo«, sagte ihr Kollege und trat aus der Tür. Ich führte ihn ein halbes Stockwerk nach oben und deutete auf die noch rauchende Kippe.

»Das muss gerade erst passiert sein. Die Zigarette ist noch an«, sagte ich. »Vielleicht ist der Junkie ja sogar noch im Haus.« Meine Tochter fing an zu wimmern.

Der Kollege von der Hausverwaltung hob die Alufolie mit Fingerspitzen hoch und betrachtete sie genauer. Ganz deutlich konnte man jetzt die Schmauchspuren drauf sehen und ich dachte an meinen kleinen Sohn, wie er Quatsch macht und die Treppe auf allen vieren raufkrabbelt und mit Händen und Knien in der Heroinkotze watet.

»Und was sollen wir Ihrer Meinung nach jetzt tun?«, fragte der Mann von der Hausverwaltung.

Ich zuckte mit den Schultern.

»Wir können uns ja jetzt nicht einfach eine Knarre kaufen, den Junkies hier auflauern und sie dann abknallen«, sagte er.

»Zum Glück«, sagte ich.

»Zum Glück«, sagte der Mann der Hausverwaltung.

»Bringen Sie doch einfach mal die Haustür in Ordnung. Ich habe ja gar nichts gegen Junkies«, hörte ich mich auf einmal sagen. »Aber nicht in unserem Treppenhaus!«

Ich sagte das wirklich und ich sagte es laut, sodass es auch die blonde Frau von der Hausverwaltung ein halbes Stockwerk weiter unten mitbekam. Ich nahm meine inzwischen weinende Tochter an die Hand und ging dann schnell ein Stockwerk nach oben, um in unserer Wohnung zu verschwinden.

Seitdem hat meine Tochter Angst. Deshalb sage ich auch nichts über das Phänomen der Horrorclowns oder Donald Trump. Mir sind Clowns seit Stephen King sowieso eher unsympathisch. Und Donald Trump eigentlich schon immer.

»Was hat Nicola denn über die Horrorclowns erzählt?«, frage ich.

»Sie hat gar nichts erzählt, sondern Frau Münkel«, sagt meine Tochter. Frau Münkel ist die Lehrerin meiner Tochter.

»Was hat Frau Münkel denn erzählt?«, frage ich.

»Dass Leute sich als Clowns verkleiden und dann andere Leute erschrecken und auch ermorden«, sagt sie.

Ich wusste gar nicht, dass meine Tochter weiß, was Ermorden ist.

»Es gibt immer irgendwelche Arschlöcher, die anderen den Spaß verderben wollen«, erkläre ich.

»Sie hat gesagt, da wäre so ein Mann gewesen, der hat sich als Clown verkleidet und hat dann bei seinem Freund geklingelt und der hat, als er die Tür aufgemacht hat, nicht gewusst, dass der Horrorclown sein Freund ist, und hat ihm mit einem Messer in den Hals gestochen und dann hat der Horrorclown noch leise flüstern können: ›Ich bin's doch, dein Freund‹, und dann ist er gestorben«, berichtet sie.

»Und das hat euch Frau Münkel heute erzählt?«, frage ich.

Meine Tochter nickt. Sie sieht blass aus.

»Das war bestimmt nur eine Gruselgeschichte, wegen Halloween«, sage ich.

»Nein, nein, das war echt«, sagt meine Tochter. »Und deshalb will Nicola heute nicht rausgehen.«

Später, als ich mit einer Freundin und unseren verkleideten Kindern um die Häuser ziehe, höre ich, wie meine Tochter zu ihrer Freundin sagt: »Ich habe gar nichts gegen Clowns, aber nicht in unserer Straße.«

Nebel des Grauens

Ich bin sechs Jahre alt, als John Carpenters *The Fog – Nebel des Grauens* in die Kinos kommt. Mein vier Jahre älterer Bruder darf sich den Film sogar im Kino anschauen und die nächsten Wochen spricht er von nichts anderem. Immer wieder versucht er, mir die komplizierte Geschichte des Films zu erklären. Sie hat was mit falschen Leuchtfeuern zu tun und betrogenen Leprakranken, die hundert Jahre später als Zombies in die Stadt Antonio Bay zurückkehren, um sich an den mörderischen Nachfahren zu rächen.

»Was sind Leprakranke?«, frage ich meinen Bruder.

»Das sind Menschen, die langsam verfaulen«, sagt mein Bruder.

»Hm.«

»Denen fallen die Arme und die Finger ab und so«, sagt mein Bruder.

»Und was sind Zombies?«, frage ich.

»Das sind Untote.«

»Also Menschen, die nicht tot sind?«

»Nein«, sagt mein Bruder.

»Also Menschen, die tot sind?«, frage ich.

»Ja«, sagt mein Bruder.

»Aber warum sagst du dann, dass sie untot sind?«

»Weil sie noch rumlaufen, aber eben tot sind und alle lebenden Menschen töten wollen.«

Ich schaue ihn skeptisch an.

»Auf jeden Fall sind sie halb verwest und die Augen hängen ihnen so aus den Höhlen raus«, sagt mein Bruder. »Und der Kopf ist halb ab und so«, fügt er hinzu.

»So wie bei den Leprakranken?«, frage ich.

»Genau«, sagt mein Bruder. »Nur in dem Film geht es um leprakranke Zombies.«

»Aber ...«, beginne ich.

»Bevor die leprakranken Zombies in der Stadt auftauchen, kommt der Nebel«, flüstert mein Bruder.

Ich sage nichts mehr.

»Und dann klopft es an der Tür«, sagt er und klopft an den Türrahmen.

Ich halte den Atem an.

»Manchmal kratzen sie auch mit Enterhaken an der Tür«, sagt er und macht ein Geräusch, als ob Metall an Holz kratzen würde.

»Und wenn man dann ahnungslos zur Tür geht, um nachzuschauen, wer da draußen ist, dann schlagen sie zu und fallen über einen her. Und dann fressen sie einen. Aber nie ganz, sondern immer nur halb«, sagt mein Bruder. »Und die Angefressenen werden dann auch zu Zombies«, beendet er die Geschichte.

In den nächsten Wochen höre ich nachts immer wieder ein Klopfen und Kratzen an meiner Schlafzimmertür. Besonders, wenn ich mit meinem Bruder allein zu Hause bin.

Zur selben Zeit nämlich beschließen meine Eltern, dass mein Bruder jetzt alt genug sei, um abends auf mich aufzupassen, wenn sie ausgehen.

Sobald meine Eltern die Wohnungstür hinter sich zuschlagen, setzt sich mein Bruder vor den Fernseher. Ich habe

Angst allein im Rest der Wohnung und setze mich immer zu ihm. Erst schauen wir *Aktenzeichen XY ungelöst*, eine Sendung, die unsere Mutter uns strikt verboten hat zu schauen. »Aus politischen Gründen«, wie sie meint. Danach kommen die Filme, die wir mit Sicherheit auch nicht schauen dürfen. Am liebsten schaut mein Bruder Horrorfilme. So kommt es auch, dass ich meinen ersten Zombiefilm noch mit sechs Jahren zu sehen bekomme.

Mein Bruder hüpft aufgeregt auf dem Sitzsack herum. »Der Film heißt *Zombie*«, sagt er.

»Das sind die halb verfaulten, nicht toten Menschen?«, frage ich.

»Nein, das sind die Leprakranken«, sagt mein Bruder. »Zombies, das sind die Untoten.«

»Ach so«, sage ich, aber zu sehen bekomme ich die Zombies nicht, weil ich mir schon nach fünf Minuten die Augen zuhalte, als ein blaugesichtiger Zombie einer Frau ein Stück Fleisch aus der Schulter beißt. Meine Hände nehme ich erst eineinhalb Stunden später wieder von den Augen weg. Aber hören tue ich die Zombies. Sie stöhnen und schmatzen und grunzen. Und mein Bruder kommentiert: »Boah, der isst ja ein halbes Bein!« Oder: »Der Kopf ist halb abgefressen, wie eklig! Da sieht man Gehirnmasse raustropfen!« Und: »Urgh, überall Gedärme!«

Ich bin sechs Jahre alt, als ich beschließe, nachts nicht mehr zu schlafen.

Dreißig Jahre später kommt der sechsjährige Sohn meines Bruders aus Mexiko zu Besuch und verkündet mir, dass auch er nicht mehr schlafen wird.

»Wieso denn nicht?«, frage ich ihn.

»Ich habe Angst vor Michael Jackson«, sagt er.

»Das kenne ich«, sage ich.

»Eigentlich hatte ich Angst vor Monstern«, erzählt er. »Ich habe sie überall gesehen: unter der Dusche, auf dem Klo und in der Schule.«

Das ist unheimlich, finde ich. Vielleicht sieht er sie wirklich?

Aber sein Vater, also mein Bruder, habe ihn dann in Mexiko zu einer Hexe geschickt, die ihm die Monsterangst angeblich ausgetrieben hat, erzählt mein Neffe.

»Wie denn?«, frage ich ihn.

»Mit rohen Eiern, die sie über meinen Bauch gerieben hat, und abgeschnittenen Hühnerfüßen und Hühnerblut«, sagt er.

»*Echtes* Hühnerblut?«, frage ich.

»Ja«, sagt er. »Und ein Meerschweinchen hat sie auch benutzt.«

»Was hat sie mit dem Meerschweinchen gemacht?«, frage ich.

»Mir auf den Kopf gesetzt«, sagt er.

»Das Meerschweinchen war danach tot«, sagt er leise.

»Und dann hast du keine Monster mehr gesehen?«, frage ich.

»Nein«, sagt er. »Keine Monster mehr, aber vor der Hexe habe ich mich dann eine Zeit lang gefürchtet, bis ich dann eben Michael Jackson gesehen habe.«

»Wo hast du Michael Jackson gesehen?«, frage ich.

»Im Internet. Ich habe das Video zu Michael Jacksons ›Thriller‹ gesehen«, erzählt er. »Da sind überall Zombies rumgelaufen.«

»Ach so«, sage ich. »Aber die sind ja nicht echt«, füge ich hinzu.

»Michael Jackson schon«, sagt er.

»Aber der ist doch schon tot«, sage ich.

»Eben«, sagt er.

Die Rückkehr der Mumie

»Süßes, sonst gibt's Saures«, tröten die Kinder in die Gegensprechanlage. Die zwei fünfjährigen Jungen kreischen. Die neunjährigen Mädchen schreien. Herr oder Frau Müller drücken auf den Türöffner. Endlich!

Mein bester Freund und ich stehen seit fünf Minuten mit unseren Kindern vor dieser Haustür im Regen und frieren uns den Arsch ab. Wieder ist ein Jahr vorüber, wieder ist es Halloween. Der aufregendste Feiertag, finden die Kinder. Wenn denn jemand aufmacht. Die Müllers sind die letzte Klingel auf dem Klingelschild der Nummer achtzehn. Alle anderen stellen sich tot.

»Das ist überhaupt kein Feiertag«, sagt mein bester Freund.

»Doch, Allerheiligen«, sage ich.

»Das ist erst morgen«, sagt er und drückt die Haustür auf. Normalerweise geht seine Frau mit unseren Kindern durch den Kiez, um überall zu klingeln und Süßigkeiten einzusammeln. Sie liebt das. Mir hingegen ist es schrecklich unangenehm: ein bisschen wie betteln gehen kommt es mir vor.

Die Jungs sind als Vampire geschminkt und ihre Schwestern als Skelett und Klapperschlange. Die Klapperschlange ist leider nicht so gut als Klapperschlange zu erkennen. Aber sie kann klappern.

Ich habe mir ein paar Verbände um die Arme gerollt und

mein bester Freund trägt die goldene Kopfbedeckung Tutanchamuns. Zusammen sind wir *Die Mumie.*

Der Freund ist auch kein Halloweenfan, aber irgendjemand muss ja mit den Kindern mitgehen, damit sie nicht vergiftet oder in eine fremde Wohnung gesperrt werden. Die Kinder haben die strikte Anweisung, nur eingepackte Süßigkeiten anzunehmen.

»Denkt dran«, ermahne ich sie noch mal im Treppenhaus. »Kein Obst.«

»Warum das denn nicht?«, fragt der beste Freund.

»Es könnten Rasierklingen, Glas oder Nadeln im Obst versteckt worden sein«, erklärt ihm meine Tochter.

Er schüttelt den Kopf.

»Und was macht ihr, wenn sie euch nichts geben?«, fragt er. Er ist bis heute auch noch nie mit den Kindern mitgelaufen. Seine Frau, die das sonst mit unseren Kindern macht, ist hochschwanger und hatte keine Lust auf Treppensteigen. Sie hat die Kinder aber instruiert, ihr sehr viel Süßes mitzubringen. Die Kinder schauen meinen besten Freund mit großen Augen an. »Na wenn sie euch nichts Süßes geben, müsst ihr ihnen Saures geben«, sagt er.

»Wie Zitronen?«, fragt meine Tochter. »Aber das ist ja Obst und wir dürfen kein Obst.«

»Werft ihr keine Eier an die Tür?«, fragt er. Mein Sohn schaut ihn interessiert an.

»Oder ihr könntet eine Papiertüte mit einem Hundehaufen füllen«, sagt der beste Freund.

»Iiih«, sagt meine Tochter.

»Und die Papiertüte legt ihr dann auf die Fußmatte und dann zündet ihr die Papiertüte an und rennt weg.«

»Zum Anzünden brauchen wir aber Streichhölzer oder

ein Feuerzeug«, sagt meine Tochter. »Wir dürfen aber keine Streichhölzer oder Feuerzeuge benutzen.«

»Und dann brennt das ganze Treppenhaus und alle sterben?«, fragt mein Sohn.

»Nein, nein«, sagt der beste Freund. »Ihr müsst nach dem Anzünden und vor dem Wegrennen natürlich klingeln. Die Person, die euch keine Süßigkeiten gegeben hat, sieht die brennende Papiertüte auf der Fußmatte und versucht sie dann auszutreten. Und beim Austreten steigt sie in die Hundekacke.«

Mein bester Freund bricht in lautes Gelächter aus. Die Kinder und ich starren ihn entgeistert an. Nur meine Tochter zuckt mit den Schultern: »In Berlin tritt man doch eh die ganze Zeit in Hundekacke, just sayin'«, sagt sie. Sie wird echt groß, denke ich.

Während die Kinder noch ein Stockwerk weiter rauf zu Müllers gehen, halte ich den Freund zurück. Er riecht nach Rotwein. Dachte ich's mir doch. »Hast du getrunken?«, frage ich ihn. Es ist erst fünf Uhr nachmittags. Er ist Lehrer!

Der Freund öffnet seinen Rucksack und holt eine Rotweinflasche mit Schraubverschluss raus. Er setzt sie an und trinkt einen tiefen Schluck. Seine goldene Kopfbedeckung sitzt schief. Ich nehme die Flasche und trinke auch einen großen Schluck. Der Wein ist erstaunlich gut. Er ist halt Lehrer.

Die Kinder haben den nächsten Treppenabsatz erreicht und stehen im Eingang der Müllers. Wir stehen eine halbe Treppe weiter unten, ohne gesehen zu werden. »Süßes, sonst gibt's Saures!«, tröten die Kinder wieder.

»Du bist viel zu frech!«, sagt eine dunkle weibliche Stimme. »Und was sollst du eigentlich sein? Irgendein Reptil oder was?« Wir hören die Klapperschlange klappern. »Du bekommst schon mal nichts. Und der hässliche Kleine be-kommt auch nichts«, sagt sie. »Ihr anderen könnt das ha-ben.«

»Wir dürfen kein Obst«, brüllt meine Tochter. Man hört es rascheln. Die Kinder nuscheln »Danke« und die Tür der Müllers schließt sich.

Mein bester Freund steckt schnell den Rotwein in den Rucksack zurück und die Kinder zeigen uns ihre Ausbeu-te. »Hustenbonbons«, sagt mein Sohn abschätzig. »Hast du Streichhölzer dabei?«, fragt er meinen besten Freund.

Ein Stockwerk weiter unten versuchen die Kinder noch mal ihr Glück. Wir bleiben zurück und trinken noch mehr Rotwein aus der Flasche. Die Tür öffnet sich. »Süßes, sonst gibt's Saures!«, brüllen die Kinder.

»Nehmt ihr auch Bier?«, fragt eine männliche Stimme.

»Wir dürfen nur kein Obst«, sagt meine Tochter. Und wir hören, wie ein paar Flaschen auf die Hustenbonbons gelegt werden. Die Tür schließt sich und wir kommen die halbe Treppe runter zu den Kindern.

Im Erdgeschoss öffnet noch jemand. Es scheint eine WG zu sein. Der Türöffner holt seine Mitbewohner, ich glaube, es werden Fotos von den Vampiren gemacht. Ich stupse mei-nen besten Freund an. »Das dürfen die nicht«, flüstere ich. Er zuckt mit den Schultern und reicht mir die Weinflasche. Die Tür schließt sich und die Kinder schauen sehr zufrieden. Nur der Sohn meines besten Freundes sieht nervös aus. »Der Mann sah so gruselig aus«, sagt er ganz laut. »Dabei war der gar nicht verkleidet!«

Mein Sohn zeigt uns stolz, was sie bekommen haben: Die WG war offensichtlich auf Halloween vorbereitet und hat den Kindern genau die Süßigkeiten in ihre Säckchen gegeben, die es extra für Halloween zu kaufen gibt: Mini-Schokoriegel, alle einzeln verpackt. Mini-Twix und Mini-Lions.

Mein bester Freund beäugt die Beute. Er schielt inzwischen schon ein bisschen. »Das ist das ganze Zeug, das in den Schokoriegelfabriken vom Fließband auf den Boden fällt«, sagt er. Er holt jetzt vor den Kindern die Rotweinflasche raus. »Das wird zusammengekehrt und mit Schokolade überzogen und dann zu Halloween verkauft.« Er setzt die Flasche an, trinkt und torkelt nach draußen.

Wir gehen noch eine halbe Stunde weiter durch die Nachbarschaft, klingeln bei weiteren zwanzig fremden Menschen. Drei machen auf. Dann sind die Weinflasche leer und die Kinder einigermaßen zufrieden. Wir machen uns auf den Heimweg und begegnen dabei weiteren Vampiren und auch einer vereinzelten Prinzessin Lillifee. Wir winken ihr zu.

»Aber es sind keine Horrorclowns unterwegs«, sagt der Freund. »Horrorclowns sind so 2017«, sagt er und fängt an, hysterisch zu lachen. Prinzessin Lillifee flattert verängstigt an die Seite ihrer Mutter und die Mumie tritt in einen Hundehaufen.

Die Sache mit Gott

»Mama, was steht denn da?«, fragt mich mein fünfjähriger Sohn. Wir stehen beide vor dem neu gebauten Baumhaus in unserem Schrebergarten und er zeigt auf eine der Holzlatten, aus denen ein sehr originelles Baumhaus gezimmert worden ist.

Mein bester Freund hat es für unsere Kinder gebaut und es ist eher eine Baumvilla geworden. Mit Veranda und mit Verandatreppe. Gestern ist sie fertig geworden und jetzt dürfen die Kinder das Haus anmalen. Eingerichtet wurde es schon heute Morgen mit einem alten Kaffeetisch, Kinderstühlen, vier Lupen, einem Koffer mit Fingerabdruckpulver, einem Mikroskop und Walkie-Talkies. Unsere Kinder haben hier ihre Detektei eröffnet.

Zehn Jahre zuvor, als ich meine Doktorarbeit beendet hatte und nicht wusste, wie es mit mir weitergehen sollte, wollte ich mit diesem besten Freund, der die Baumhausvilla errichtet hat, auch schon eine Detektei eröffnen. Ich hatte damals von meinem Vater so ein Rolladressbuch zu Weihnachten geschenkt bekommen. So eines, wie es in alten Filmen über Detektive immer auf deren Schreibtischen herumsteht. Das war der Anlass gewesen, glaube ich: das Rolladressbuch. Wir hatten sogar einen Fall. Aber es war ein sehr langweiliger Fall. Unser Kunde war ein befreundeter Anwalt aus München und wir sollten für ihn einen Friseursalon in Berlin bespitzeln.

Der Friseursalon würde mit dem Bild von Claudia Schiffer Werbung machen. Ohne die Erlaubnis von Claudia Schiffer. Der beste Freund machte aus ethischen Gründen schon gleich gar nicht mehr mit und mir war die Bezahlung, die der befreundete Anwalt nie erwähnte, zu unsicher. Heute ist der beste Freund Lehrer.

»Mama, was steht denn da?«, fragt mein Sohn jetzt mit der Ungeduld in der Stimme, die mich immer an mich selbst erinnert.

Ich schaue mir die Latten an. Warum sollte denn auf einer Holzlatte irgendetwas draufstehen?

Kinder! Kinder und ihre Fantasie. Die sehen immer irgendwas Geschriebenes: Wir haben Magnetbuchstaben an unserem Kühlschrank und die größte Freude meines Sohnes ist es, mit diesen Magnetbuchstaben Wörter zusammenzusetzen und dann zu fragen: »Mama, was steht da?« Ich breche mir jedes Mal die Zunge bei dem Versuch, das von ihm gelegte, immer sehr lange Wort vorzulesen: »XQOSDFU-KLASTZURML« oder »ARTGBNZHJNMOLÖ« oder »IIEE-AMÜPGSTYUWS«.

Ich habe drei Jahre in Nordwales studiert. Da gab es Wörter und Städtenamen, die ähnlich aussahen, aber die haben auf Walisisch immer etwas bedeutet. Inzwischen lese ich die an den Kühlschrank geschriebenen Wörter meines Sohnes nicht mehr vor, ich benutze stattdessen Wörter, die einfacher auszusprechen sind, wie »Quark« oder »Darth Vader«, »Kloschüssel« oder »Ninjago«.

Mein Sohn denkt deshalb, er könne schon richtig schreiben. Ich hoffe nur, dass sich das nicht in einer zukünftigen Schreib- und Leseschwäche niederschlägt. Aber wir wollen sowieso, dass er Fußballprofi wird, da braucht man diese Fähigkeiten nicht so sehr, glaube ich.

»Mama, was steht denn da?«, fragt mein Sohn jetzt sehr ungeduldig. Ich schaue genauer hin und sehe, dass dort tatsächlich etwas mit Bleistift geschrieben steht. Unglaublich, aber wahr: Da steht »Gott«.

»Da steht ›Gott‹«, sage ich.

Mein Sohn schaut mich an. »Ich hole mal deine Brille, Mama«, sagt er. Mein Sohn weiß, dass ich ohne Brille nämlich eigentlich nichts vorlesen kann. Vielleicht vermutet er inzwischen deshalb auch, dass ich mir manchmal Wörter ausdenke, die ich vorlese, wenn ich sie nicht aussprechen oder eben ohne Brille nicht entziffern kann, weil ich sie mal wieder verlegt habe.

»Leg deine Brille doch immer am gleichen Ort ab!«, rät mein Mann jedes Mal aufs Neue, wenn ich auf der Suche nach ihr bin. »Dann musst du sie nicht immer suchen.« Und tatsächlich lege ich sie auch immer am gleichen Ort ab. Ich vergesse nur immer, wo der ist. Aber dies hier ist ja nicht der Kühlschrank oder Kleingedrucktes auf Papier. Dies ist eine helle Holzlatte in der Sonne, auf der mit Bleistift »Gott« geschrieben steht.

Die Tochter meines besten Freundes, die auf der anderen Seite der Baumvilla am Malern ist, steckt ihren Kopf um die Ecke. Sie schaut mich völlig verstört an. Sicher hat sie das mit dem Gott mitbekommen, denke ich. Sie ist acht Jahre alt und geht auf eine evangelische Schule. Sie wartet sicher nur darauf, dass ihr Gott irgendwo begegnet. Wahrscheinlich bekommen sie in der Schule täglich gesagt, dass Gott überall ist, überall sein könnte oder überall einfach auftauchen kann.

Ich habe zumindest immer drauf gewartet, dass mir Gott begegnet, als ich acht Jahre alt war. Oder besser, ich habe es befürchtet, dass mir Gott begegnet. Ich ging damals auf eine sehr christliche Münchner Grundschule, in der Jahrzehnte zuvor sogar Herr Ratzinger Religionsunterricht gegeben haben soll.

»Wo steht Gott?«, fragt meine Tochter, die hinter der verstört dreinblickenden Tochter meines besten Freundes aufgetaucht ist.

»Da«, sage ich und zeige auf die Latte.

»Wo denn?«, stammelt die Tochter meines besten Freundes. Sie ist den Tränen nahe.

Das ist bestimmt ein Scherz meines besten Freundes, der es komisch findet, dass unsere Tochter nicht den Religionsunterricht besucht. Er versucht gerne, mich immer mal wieder in meinem Nichtglauben herauszufordern.

Seine Tochter fragt noch mal: »Wo steht Gott?«

»Da«, sage ich. Und auf einmal habe ich Gänsehaut. Vielleicht ist das tatsächlich eine Offenbarung! So ein Gottesbeweis. In unserem Schrebergarten! Vielleicht kann diese Latte zur künftigen Pilgerstätte Berlins werden. Statt die Jungfrau Maria in einem Kartoffelchip zu erkennen, haben wir den Gottesbeweis auf einer Holzlatte.

»Ich sehe immer noch niemanden«, sagt die Tochter meines besten Freundes und schaut sich um. Sie weint jetzt leise.

»Da steht ›Gelb‹«, sagt meine Tochter und zeigt auf die Latte mit der Schrift. Mein Sohn kommt gerade mit meiner Brille an. Ich setze die Brille auf. »Wo hast du die Brille gefunden?«, frage ich meinen Sohn. Der zuckt mit den Schultern.

Tatsächlich steht auf der Holzlatte in krakeliger Hand-schrift »Gelb«.

»Die Latte soll gelb gestrichen werden«, sagt meine Toch-ter. »Deshalb steht da ›Gelb‹.«

»Und wo ist Gott jetzt hin?«, fragt die Tochter meines bes-ten Freundes.

»Das«, sage ich, »wollen wir doch alle wissen.«

VIER:
MORALISCHE INSTANZ

So geht Wahlkampf

Das Straßenfest in unserer Straße in Kreuzberg ist eine recht kleine Angelegenheit: eine Bühne, ein Crêpe-Stand, ein Stand mit Mojitos, einer mit indischem Essen und ein Stand, an dem der Kiezverein sich vorstellt. Außerdem gibt es einen Stand der SPD, einen von den Grünen und einen von der FDP. Ein Paar Bierbänke und Tische stehen herum. An einem Biertisch wird Kinderschminken angeboten und auf einem Schild steht, dass Magic Mike um siebzehn Uhr eine Zaubervorstellung gibt. Von der Bühne tönt lautes Gitarrengeschrammel.

»Mama, ich will einen Luftballon«, schreit meine Tochter. Sie ist gerade sieben geworden und geht jetzt in die zweite Klasse.

»Ich auch«, schreit mein dreijähriger Sohn. Ich schaue mich um und gehe zielstrebig auf den Stand der Grünen zu. Dort liegen grüne, unaufgeblasene Luftballons auf dem Tisch. Vor dem Stand steht ein langhaariger Mann, den ich sehr gut kenne. Mir fällt nur sein Name gerade jetzt nicht ein.

»Ich will einen fliegenden Luftballon«, schreit meine Tochter.

»Ich auch«, schreit mein Sohn.

Ich umarme den Mann mit grauem, lockigem Pferdeschwanz zur Begrüßung. Er drückt mich feste. Wie heißt er noch mal? Mist. So was ist mir immer unangenehm. »Habt ihr auch Gasluftballons?«, frage ich ihn.

»Leider nein«, sagt der Mann, dessen Namen ich vergessen habe.

»Ich will einen gelben Luftballon, der fliegt«, ruft mein Sohn.

»Ich will einen lilanen«, ruft meine Tochter und beide Kinder rennen zum Stand der FDP. »Riskieren wir, dass unsere Kinder schlauer sind als wir«, steht auf dem gelben Luftballon in lila Schrift, der angeleint hoch über dem Stand schwebt und meine Kinder angelockt hat. »Gasluftballons gibt es leider nur bei der FDP«, sagt der Bekannte.

»Scheiße«, sage ich und rufe: »Kinder, kommt sofort wieder her«, und sehe, wie der Mann vom FDP-Stand schon gierig auf meine heraneilenden Kinder stiert.

»Die Gasluftballons sind viel zu teuer«, rufe ich. Das kennen die Kinder schon vom Rummel. Da gibt es nur selten einen Gasluftballon, eben weil die so teuer sind. Der Bekannte lächelt. Und auf einmal fällt mir ein, woher ich den Mann mit lockigem Pferdeschwanz kenne: von seinem Plakat. Ich habe gerade den Wahlkreiskandidaten der Grünen gedrückt. Einfach so. Ihm scheint es gefallen zu haben. Vielleicht wird er nicht so oft gedrückt. Ich nicke ihm noch mal aufmunternd zu und gehe in Richtung FDP-Stand, vor dem meine Tochter mit Schmollmund steht. »Ach menno«, sagt sie. Mein Sohn hat sich schon auf den Boden geworfen und überlegt noch, wie er seinen Wutanfall über den ausbleibenden Gasluftballon am wirksamsten in Szene setzen kann.

»Warum sind Gasluftballons eigentlich zu teuer?«, fragt meine Tochter. »Das ist das Gas«, sage ich. »Das ist so teuer.«

»Die Luftballons kosten aber gar nichts«, sagt der Mann von der FDP und hält meiner Tochter lächelnd zwei Luftballons hin. Beide Kinder schauen den Mann fassungslos an.

Mein Sohn setzt sich hin. Dann schauen beide Kinder mich fragend an. Ich schüttle den Kopf. Mein Sohn wirft sich wieder auf den Boden.

»Ich will den gelben Luftballon!«, brüllt er.

»Du bist so gemein!«, brüllt meine Tochter.

»Echt jetzt«?, fragt der Mann on der FDP.

Ich hebe meinen heulenden Sohn vom Boden auf und nehme meine Tochter an die Hand. »Ich will den gelben Luftballon«, brüllt mein Sohn.

»Immer willst du bestimmen«, brüllt meine Tochter. »Du darfst nicht über mich bestimmen«, brüllt sie.

»Ich will den gelben Luftballon«, brüllt mein Sohn.

Der Mann vom Stand der FDP hält immer noch zwei Gasluftballons in der Hand und streckt sie uns entgegen.

Ich schaue den Mann böse an und nehme die Luftballons.

»Schön am Handgelenk festbinden«, sagt der FDP-Mann. »Damit sie nicht wegfliegen.« Ich ringe mir ein Lächeln ab. »Danke«, sage ich tonlos und gebe jedem meiner Kinder eine Luftballonleine in die Hand, ohne sie festzubinden.

»In fünf Minuten beginnt die Show von Magic Mike«, brüllt jemand durch ein Megafon. Ich sehe meine beste Freundin mit ihren Kindern und zwei FDP-Luftballons in der Hand. Ich winke sie zu uns herüber.

»Magic Mike geht gleich los«, sage ich zu ihr.

»Magic Mike ist doch ein Stripper«, sagt meine beste Freundin. »Aus diesem Film mit Dings.«

Ich kaufe uns Bier.

»Mit wem?«, frage ich.

»Dieser Film«, sagt meine beste Freundin, »über diese eine Geschichte und der Dings spielt den Stripper und der heißt Magic Mike.«

Die Kinder rennen zur Bierbank, auf der ein sympathisch aussehender Mann seinen Koffer drapiert hat. »Dauert noch ein bisschen«, sagt er zu den Kindern. Die rennen daraufhin weiter zum Stand von der SPD.

»Du auch?«, frage ich meine beste Freundin und zeige dabei auf die zwei Gasluftballons der FDP, die sie in der Hand hält. Die Leinen sind fest um ihr Handgelenk geknotet.

»Schon fies«, sagt sie. »Dass sie die einzigen mit Gasluftballons sind. Auf dem Weg hierher sind uns bestimmt zwanzig Kinder mit ihren Eltern begegnet, alle mit FDP-Luftballons.«

Meine Tochter und die Tochter meiner besten Freundin kommen angerannt.

»Schau mal, Mama«, ruft meine Tochter, »was ich gewonnen habe!« Stolz hält sie eine Tüte mit Glitzerstickern hoch. »Fritz hat den Hauptgewinn bekommen«, brüllt sie.

»Die haben da so ein Drehrad«, erklärt die Tochter meiner besten Freundin. »Da kann man dran drehen und dann gewinnt man was.«

Mein Sohn kommt mit dem Sohn meiner besten Freundin angerannt. Er hält eine riesige Trinkflasche hoch. »SPD«, steht drauf und: »Auf den Inhalt kommt es an.« Er grinst, drückt mir die Trinkflasche in die Hand und dann machen sich die Kinder erneut auf zur Bierbank von Magic Mike.

»Ich glaube, der Film hieß *Magic Mike*«, sagt meine beste Freundin.

»Wir haben zu Hause eine Tasse, auf der steht auch: ›Auf den Inhalt kommt es an‹«, sage ich. »Aber die ist von den Grünen und bestimmt schon über zehn Jahre alt.«

»Der Film über den Stripper mit dem Dings«, sagt meine beste Freundin, »der hieß *Magic Mike*.«

»Ich habe vorhin den Wahlkreiskandidaten der Grünen umarmt, weil ich dachte, ich würde ihn kennen«, sage ich.

»Jetzt steht da die Kandidatin«, meint meine beste Freundin. Ich schaue zum Stand der Grünen und da steht die sympathische Kandidatin, die mir auch furchtbar bekannt vorkommt, weil sie von so vielen Plakaten im Kiez herunterlächelt.

»Ich kann der gar nicht ins Gesicht schauen«, sagt meine beste Freundin, »weil ich immer nur diese schwarzen Zahnlücken erwarte, die sie auf den Plakaten hat.« Die grüne Kandidatin lächelt zu uns herüber, ganz ohne Zahnlücke.

Magic Mike ist immer noch am Aufbauen und ich entdecke die Kinder erneut am SPD-Stand.

»Habt ihr auch schon eure Wahlbenachrichtigung?«, frage ich meine beste Freundin. Sie nickt und kauft uns noch zwei Bier.

Meine Tochter kommt wieder angerannt. »Hauptgewinn!«, brüllt sie und hält noch eine SPD-Trinkflasche hoch.

»Wir sollen dieses Mal nicht mehr wie sonst im Gymnasium bei uns gegenüber wählen gehen«, sage ich, »sondern im *Just Juggling* um die Ecke.«

»Im *was*?«, fragt meine beste Freundin. Ihr kleiner Sohn kommt auch angerannt und hält eine große Tüte Gummibärchen hoch. »SPD«, lispelt er und meine beste Freundin öffnet ihm die Tüte.

»Das ist ein Jonglierladen«, sage ich. »Komisch, oder?«

Die Kinder stehen jetzt alle um Magic Mike herum. Mein Sohn hält noch eine weitere Trinkflasche von der SPD hoch. Die Tochter meiner besten Freundin wedelt triumphierend mit einer Maxipackung Büroklammern.

»Ich hoffe nur, dass er sich jetzt nicht auszieht vor den Kindern«, sagt meine beste Freundin.

»Wer?«, frage ich.

»Der Magic Mike«, sagt meine beste Freundin und dann beginnt die Zaubershow.

Magic Mike zieht Blumen aus seinem Hut, macht aus Senf und Ketchup Schokolade und schwäbelt. Er zieht sich nicht aus. Die Kinder johlen und klatschen.

»Mama«, brüllt meine Tochter und schaut verdutzt ihrem FDP-Luftballon hinterher, wie er am Himmel verschwindet. Aus dem Augenwinkel sehe ich den FDP-Mann vom Stand her mit weiteren Luftballons winken.

»Ignorier ihn einfach«, sagt meine beste Freundin. Wir drehen uns in die andere Richtung.

Meine beste Freundin schnorrt sich eine Zigarette von der Kandidatin der Grünen an ihrem Stand.

»Ich dachte, du hast aufgehört zu rauchen«, sage ich.

»Hab ich auch«, sagt meine beste Freundin, zieht einmal tief an der Zigarette und lässt mit der glühenden Kippe beide FDP-Luftballons platzen.

Magic Mike macht seine Sache gut und zum Schluss bekommt jedes Kind noch eine Luftballonblume aus bunten Luftballonschläuchen. Nur meinem Sohn drückt er etwas in die Hand, das aussieht wie ein langer, verknoteter brauner Penis.

»Schau mal, Mama, ein Säbel!«, ruft mein Sohn und lässt dabei die Leine seines FDP-Gasluftballons los.

»Schön«, sage ich, als wir alle wie hypnotisiert dem FDP-Luftballon dabei zuschauen, wie er am Kreuzberger Abendhimmel verschwindet.

Traumhochzeit

»Ich will raus hier!«, brüllt meine Tochter und hüpft von meinem Schoß herunter.

Der Standesbeamte lächelt.

»Wir haben ja noch gar nicht angefangen«, sagt er.

»Komm wieder auf den Schoß«, sage ich. »Das dauert auch nicht lange.« Der Standesbeamte schaut mich erstaunt an.

»Das wissen Sie doch gar nicht«, sagt er.

Wir sind auf dem Standesamt Friedrichshain-Kreuzberg, mein Freund und ich wollen heute heiraten.

Wir sind nur zu viert in dem Raum, der angesichts der vielen leeren Stuhlreihen um die fünfzig Gäste beherbergen würde. Mein Freund, unsere Tochter, der Standesbeamte und ich. Meine Tochter hat sich im Vorzimmer geweigert, ihre Handschuhe auszuziehen. Es sind grün-gelb gestreifte Wollhandschuhe. Sie ist jetzt bei der Tür und hängt sich dort an die Klinke. Die Tür geht aber nicht auf.

»Ich komm nicht raus«, brüllt meine Tochter. »Es ist abgeschlossen!«

»Feuerschutztüren«, sagt der Standesbeamte. »Man muss nur kräftig drücken.« Meine Tochter ist vier Jahre alt.

Ich bin im achten Monat schwanger und trage rote Cowboystiefel zu einem schwarzen Umstandskleid. Mein Freund trägt zur Feier des Tages ein Sakko und hat sich seine Locken glatt gebürstet.

Es gibt viele Gründe, warum wir heiraten wollen: Wir wollen heiraten, weil wir denken, dass wir zusammenbleiben werden. Wir wollen heiraten, weil wir ein zweites Kind bekommen, und wir wollen heiraten, weil wir dadurch vielleicht Steuern sparen, genau wissen wir das aber nicht. Natürlich wollen wir auch heiraten, weil wir uns lieben.

Wir heiraten ohne Eltern, Verwandtschaft und Freunde. Wir heiraten sogar ohne Trauzeugen, weil das geht. Wir konnten uns nicht entscheiden, wer Trauzeuge hätte sein sollen. Mit Sicherheit hätten wir einige unserer Freunde gekränkt, indem wir sie nicht zu Trauzeugen ernannt hätten.

Wir haben uns gegen Gäste entschieden, weil sich viele unserer Freunde hoch verschuldet haben mit ihren Hochzeitsfeiern. Einige hatten einen echten Burn-out, als die Hochzeit vorbei war.

Außerdem wollte mein Freund nicht, dass irgendjemand Reden über ihn hält. Mir ist das mit der Feier beinahe egal gewesen. Beinahe. Ich hätte nämlich gerne eine Rede über mich gehört. Aber dann ist da noch die Sache mit meiner sehr religiösen und sehr neugierigen Großtante Helga, meinem sehr unsympathischen Onkel Hubsi oder der entfernten Freundin meiner Mutter. Muss man die wirklich alle zu seiner Hochzeit einladen? Also haben wir beschlossen: keine Gäste. Nur wir und unsere Tochter. Und natürlich der Standesbeamte.

Der räuspert sich jetzt. Ich löse meine Tochter von der Türklinke und setzte sie mir wieder auf den Schoß.

»Liebes Brautpaar«, sagt der Standesbeamte und schaut mich und meinen Freund feierlich an. Ich nehme die Hand meines Freundes. »Liebe Gäste«, sagt er und schaut auf meine Tochter. Die hält sich ihre Hände mit den grün-gelben Wollhandschuhen vor das Gesicht. »Liebe«, sagt er. »Heute geht es um die Liebe.« Und plötzlich wird mir klar, es geht hier tatsächlich um die Liebe. Ich bekomme einen trockenen Hals und ganz feuchte Augen. Ich schniefe ein bisschen. Mein Freund wirft mir einen panischen Blick zu.

»Ich will jetzt gehen«, sagt meine Tochter.

Mein Freund beugt sich zu ihrem Ohr und flüstert: »Ich auch.« Sie fängt an zu kichern und nimmt die Handschuhe vom Gesicht. Der Standesbeamte beginnt erneut. »Es geht heute um die Liebe«, sagt er noch mal. Meine Tochter springt mir vom Schoß und setzt sich auf einen der leeren Stühle eine Reihe hinter uns.

»Hrm, hrm«, macht der Standesbeamte und holt tief Luft.

Es klopft an der Tür. Mein Freund und ich und der Standesbeamte schauen zur Tür. »Erwarten Sie noch jemanden?«, fragt der Standesbeamte. Hoffnungsvoll, wie ich meine.

Wir schütteln die Köpfe.

»Herein«, ruft der Standesbeamte.

Die Tür öffnet sich einen Spalt und ein junger Mann mit schwarzer Hornbrille schaut durch den Türspalt.

»Brillenmann!«, ruft meine Tochter, inzwischen aus der vorletzten Reihe.

»Entschuldigung«, sagt der junge Mann mit Hornbrille. »Entschuldigung, aber wäre es möglich, dass wir uns dazusetzen? Meine Freundin und ich, wir heiraten nächste Woche und würden uns gerne mal anschauen, wie so der Ablauf ist?« Er macht die Tür ein Stückchen weiter auf und neben ihm erscheint eine zierliche junge Frau mit rotblondem Haar.

»Sie haben ja schon angefangen«, sagt sie erschrocken. »Entschuldigen Sie bitte«, sagt sie zu uns. »Ich hab's dir doch gesagt, dass die schon angefangen haben«, sagt sie vorwurfsvoll zu ihrem Freund.

»Es macht Ihnen doch nichts aus«, sagt der junge Mann mit Hornbrille und schiebt sich und seine Freundin jetzt durch den Raum zu der Stuhlreihe hinter meiner Tochter.

Der Standesbeamte schaut uns fragend an. Ich zucke mit den Schultern, mein Freund zuckt mit dem linken Augenlid.

»Hrm, hrm«, macht der Standesbeamte erneut. »Die Liebe zwischen zwei Liebenden ist etwas sehr, sehr Schönes«, sagt der Standesbeamte.

»Entschuldigung«, sagt der Mann mit Hornbrille. »Entschuldigung. Könnten Sie noch einmal von vorne anfangen?«

»Flo, du kannst doch nicht ...«, sagt seine Freundin laut.

Meine Tochter hopst auf ihrem Stuhl auf und ab. Sie sieht fröhlicher aus als vorhin. »Der Brillenmann heißt ›Floh‹«, ruft sie aufgeregt.

»Bitte keine Unterbrechungen mehr«, sagt der Standesbeamte. Er lächelt nicht mehr.

»Floh reimt sich auf Klo«, ruft meine Tochter.

Mein Freund zuckt mit dem Mundwinkel.

»Es geht heute um die Liebe«, sagt der Standesbeamte noch einmal.

Es klopft an der Tür.

Ich schaue meinen Freund an. Diesmal ist es er, der mit den Schultern zuckt und der Standesbeamte mit dem Auge. Meine Tochter klatscht in ihre behandschuhten Hände und ruft laut: »Herein!«

Die Tür öffnet sich und ganz schnell huschen drei Personen ins Zimmer. Es ist ihnen offensichtlich peinlich, eine Hochzeitszeremonie, die schon im Gange ist, zu stören. Sie setzen sich in die Reihe mit dem Brillenmann und seiner Freundin. Mein Freund schaut mich besorgt an und flüstert in mein Ohr: »Waren das nicht deine Großtante Helga und Onkel

Hubsi?« Ich drehe mich um und tatsächlich winkt mir Großtante Helga jetzt verlegen zu. »Ich wollte schon immer mal
wissen, wie so eine Trauung im Standesamt aussieht«, ruft sie
mir kreischend zu. Mein Onkel Hubsi grinst mich frech an.
Und in der dritten Person meine ich die entfernte Bekannte
meiner Mutter auszumachen. Was machen die denn alle hier?

»Ich wär so gern Trauzeuge gewesen!«, sagt unser Freund
Torsten, der es wohl geschafft hat, sich gerade unbemerkt in
den Raum zu schleichen: »Ihr seid total gemein«, sagt er und
setzt sich schmollend neben die entfernte Bekannte meiner
Mutter.

»Mit wie vielen Männern hast du noch mal geschlafen,
bevor du deinen Freund kennengelernt hast?«, wirft die entfernte Bekannte meiner Mutter schüchtern ein. »Ich muss
das wissen, weil ich nachher eine Rede über dich halte«, sagt
sie.

Der Standesbeamte räuspert sich noch einmal. »Die Liebe
unter den Liebenden ist schön und damit gut so«, sagt er.

»Ich dachte, der Typ neben dir ist dein Exfreund«, ruft mein
Onkel Hubsi laut dazwischen und der Standesbeamte sieht so
aus, als ob er gleich einen Wutanfall bekommt. Ich schaue
meinen Freund an, aber neben mir sitzt tatsächlich mein Exfreund. Der Exfreund, den ich wirklich nie heiraten wollte.
Es klopft erneut an der Tür, und bevor noch irgendjemand
»Herein!« rufen kann, geht die Tür auf und der Besitzer vom
Edeka bei uns an der Ecke kommt hereingeschlurft: »Hamse
etwa schon wieder so viele Bierflaschen dabei?«, fragt er.

Jemand knufft mich in die Seite, ich öffne die Augen und
schaue in das eifrig mir zunickende Gesicht meines Freundes.
Ich merke, dass mir ein bisschen Sabber aus dem Mund ge-

laufen sein muss während meines Nickerchens. Und ich muss jetzt auch wahnsinnig dringend pinkeln.

»Mama«, sagt meine Tochter vom Stuhl hinter uns. »Mama, du hast voll laut geschnarcht. Und dein Mund stand offen.«

Der Standesbeamte schaut mich erwartungsvoll an. Mein Freund schaut mich erwartungsvoll an.

»Ich schnarche nicht«, sage ich. Der Standesbeamte verdreht die Augen.

Mein Freund nickt mir aufmunternd zu.

»Ich will?«, sage ich und der Standesbeamte klatscht laut in die Hände. Auch der Brillenmann und seine Freundin klatschen begeistert mit.

»Sie dürfen sich jetzt küssen«, sagt der Standesbeamte.

Ich beuge mich zu meinem Freund mit kussbereitem Mund.

»Du hast da was«, sagt er, wischt mir noch etwas Sabber aus dem Mundwinkel und küsst mich. Aus Liebe halt.

Doktor Barmeyer

»Die Kerne von Wassermelonen sind voller Vitamine«, sagt der Besitzer von meinem Edeka an der Ecke, als ich neulich Flaschen zurückbringe. Es sind wie immer sehr viele Bierflaschen darunter. Deshalb habe ich auch meinen fünfjährigen Sohn dabei, damit er mir beim Tragen hilft.

»Vitamine sind so wichtig«, sagt er. »Gerade jetzt wegen der Masernepidemie«, sagt er.

»Hm-hm«, sage ich und reiche ihm eine zweite Tüte mit leeren Bierflaschen.

»Die Kinder heutzutage brauchen mehr Vitamine«, sagt er und streicht meinem Sohn über die Wange.

Meint der Besitzer vom Edeka meine Kinder? Woher weiß er denn, dass die mehr Vitamine brauchen? Trotzdem nicke ich zustimmend. »Aber Ihnen brauche ich das ja nicht zu sagen«, sagt er. »Sie als Ärztin wissen ja Bescheid«, sagt er.

Ich bin etwas erstaunt. Verwechselt er mich mit jemandem? Aber ich gehe hier schon seit fünf Jahren fast täglich einkaufen. Er kennt mich. Er kennt sogar meinen Nachnamen, weil der auf meiner EC-Karte steht. Die EC-Karte! Das ist es: »Dr. Barmeyer«, steht auf meiner EC-Karte. Er denkt, ich wäre eine Ärztin. Wie cool ist das denn!

»Ja, natürlich«, sage ich fachmännisch. »Kinder heutzutage brauchen viel mehr Vitamine.« Auch ich streiche dabei meinem Sohn über die Wange.

»Dr. Barmeyer«, steht auf meiner EC-Karte und an meiner Haustür. Sonst taucht mein Doktortitel in offiziellen Dokumenten nicht auf. Ich habe meinen Doktor in England gemacht und ich hätte mein Zeugnis erst übersetzen und dann noch von einem Notar beglaubigen lassen müssen, um den Titel in meinen Personalausweis oder in meinen Pass eintragen zu können. Ich habe meine Doktorarbeit über amerikanische Fernsehserien geschrieben.

Bei Edeka überlege ich nur kurz, ob ich den Besitzer aufklären soll über meinen Doktor in Soziologie. Aber warum? Es fühlt sich gut an, eine Art Autoritätsperson zu sein. Außerdem verzeiht er mir so die vielen Bierflaschen, hoffe ich. Wenn er wüsste, dass ich arbeitslose Soziologin bin, dächte er doch sicher, ich hätte ein Alkoholproblem.

Als ich ein paar Tage später sehr verkatert gegen Mittag wieder zwei Tüten mit leeren Bierflaschen zurückbringe, diesmal ohne meinen Sohn, der ist noch in der Kita, schaut er mich mitleidig an und fragt: »Haben Sie wieder Dauerschicht gemacht?« Ich nicke und schenke ihm ein sehr ärztliches, wie ich meine, sehr würdevolles Lächeln.

Ich nehme mir einen Korb und schlendere durch den wirklich sehr kleinen Edeka. Eigentlich glaube ich gar nicht, dass der Laden zur Edeka-Kette gehört. Es gibt keine Frischetheke, kaum Edeka-Sonderangebote ... Es wäre interessant herauszufinden, ab wann man sich Edeka nennen darf. Und warum will man zur Edeka-Kette gehören? Ich hole mir ein paar Flaschen Jever aus dem Regal, Toastbrot, Butter ... Gerade als ich mich im Kühlregal nach dem schön stinkigen »La Rustique Camembert« bücke, höre ich rechts von mir ein Röcheln. Ich drehe mich zu dem Geräusch und sehe gerade noch, wie ein älterer Herr bei der Crème fraîche zu Boden sinkt. Er sinkt nicht zu Boden, er klappt eher zusammen, sehr schnell und erstaunlich laut schlägt er mit dem Hinterkopf auf. Eine etwa fünfzigjährige Frau kommt angelaufen und beugt sich über ihn. Ich packe den Camembert in meinen Einkaufskorb und laufe langsam weiter zur Kasse.

»Wir brauchen Hilfe!«, ruft die Frau, immer noch über den alten Mann gebeugt. Ich stelle mich an der Kasse an. Vor mir steht, wie ich jetzt merke, mein Nachbar aus dem ersten Stock. Mein Nachbar aus dem ersten Stock ist ungefähr Ende sechzig und er sammelt Flaschen. Er wohnt im ersten Stock mit seiner Frau und seinen zwei Katzen und im Erdgeschoss hat er noch eine Einzimmerwohnung nur für seine Flaschen, als Zwischenlager sozusagen. Ich durfte schon mal in die Einzimmerwohnung reinschauen. Dort ist alles sehr ordentlich. Auf der einen Seite Glasflaschen, auf der anderen Plastik. Und mittendrin eine Menge Dosen mit Katzenfutter.

»Hilfe!«, ruft die Frau beim Kühlregal. Der Besitzer vom Edeka kommt aus seinem Pfandflaschenkabuff rausgelaufen und stürzt zu ihr.

Mein Nachbar dreht sich jetzt auch um. »Hallo«, sagt er zu mir.

Schnell versuche ich, den Pfandbon aus meiner Hand in meiner Jackentasche verschwinden zu lassen. Mein Nachbar will nämlich, dass man ihm die Pfandflaschen verkauft, damit er sich nicht so oft bücken muss und trotzdem sein Pensum an Pfandflaschen am Tag schafft. So richtig habe ich das noch nicht verstanden, aber er wird immer sauer, wenn er merkt, dass ich meine Pfandflaschen selber zum Edeka bringe.

»Was ist denn dahinten los?«, fragt er und zeigt zu der inzwischen recht großen Menge Leute beim Kühlregal.

»Da ist jemand umgekippt«, sage ich.

»Schon wieder«, sagt mein Nachbar und schaut auf meine Hand in der Jackentasche. »Du hast doch keine Pfandflaschen zurückgebracht, oder?«, fragt er.

»Natürlich nicht«, sage ich.

»Wir brauchen einen Arzt!«, ruft der Besitzer vom Edeka.

Der Nachbar vor mir legt seinen sehr langen Pfandbon auf das Band und zehn Dosen Katzenfutter.

Ich schwitze. Gleich muss ich meinen Pfandbon herausholen. Ich bin zu verkatert, um mit dem anklagenden Blick meines Nachbarn klarzukommen. Ich lasse den Pfandbon einfach in meiner Tasche.

Eine Hand legt sich von hinten auf meine Schulter. Ich drehe mich um und schaue in das panische Gesicht des Besitzers vom Edeka. »Kommen Sie«, sagt er. »Wir brauchen Ihre Hilfe!«

»Was?«, frage ich.

Mein Nachbar schaut mich interessiert an.

»Wir brauchen Sie. Dahinten ist jemand umgekippt. Ich glaube, er atmet nicht mehr«, sagt der Besitzer vom Edeka und fängt an zu schluchzen.

»Oh«, sage ich.

»Lassen Sie uns durch«, ruft er dann und schiebt ein paar Kunden auf dem Weg zum Kühlregal beiseite. Er hält meine Hand und zieht mich mit sich. »Sie ist Ärztin!«

Die Menschentraube um den alten Mann, der auf dem Boden liegt, macht mir Platz. Alle Augen sind erwartungsvoll auf mich gerichtet.

Ich habe zum Glück schon viele amerikanische Arztserien geschaut und weiß ein bisschen, wie sich ein Arzt in einer solchen Situation verhalten würde. Ich räuspere mich. »Na, dann wollen wir mal«, sage ich und lege mein Ohr an den Mund des Alten. Nichts.

»Nichts«, sage ich.

Der Besitzer vom Edeka sagt: »Ich glaube, er hat sich in die Hose gemacht. Es stinkt.«

»Das ist mein Camembert«, sage ich und zeige auf meinen Einkaufskorb, den ich neben dem leblosen Mann hingestellt habe.

Ich nehme die leblose Hand des auf dem Boden liegenden Alten. Ich kann keinen Puls spüren. »Ich kann keinen Puls spüren«, sage ich.

Die Frau, die als Erste bei dem Alten war, fängt an zu weinen.

Da stupst mich jemand von hinten an. Ich drehe mich um und mein Nachbar reicht mir eine Familienpackung gestreifter Knickstrohhalme.

»Du musst ihn intubieren«, sagt er.

Die Menschentraube um mich herum murmelt zustimmend. Die Frau hört auf zu weinen.

Ich schaue meinen Nachbarn böse an. Er lächelt und schielt auf meine Jackentasche. Ich bin mir sicher, der Pfandbon schaut raus.

Ich öffne den Mund des auf dem Boden liegenden alten Mannes und führe einen rot-weiß gestreiften Strohhalm ein. Nur ein bisschen. Mir wird schlecht. Der alte Mann hat Mundgeruch.

»Bringt nichts«, sage ich.

Mein Nachbar reicht mir ein Teppichmesser. »Luftröhrenschnitt«, sagt er. Ich glaube, kurzzeitig wird mir schwarz vor Augen.

»Sie riechen nach Alkohol«, sagt die Frau, die als Erste bei ihm war. Der Besitzer vom Edeka schaut mich streng an und denkt sicher an die vielen Bierflaschen, die ich immer zurückbringe. Meine Hände zittern.

»Nach einer Dauerschicht darf man sich wohl ein paar Bier gönnen«, sage ich.

»Hat jemand einen Notarzt gerufen?«, frage ich mit jetzt sehr autoritärer Stimme.

»Kein Netz«, sagt der Besitzer vom Edeka. Er greift hinter sich und reicht mir eine Flasche Wodka Gorbatschow aus dem Regal.

»Danke«, sage ich und nehme einen tiefen Schluck aus der Flasche.

»Eigentlich ist der zum Desinfizieren«, sagt der Besitzer vom Edeka.

Meine Hände sind jetzt ganz ruhig und die Menge macht ein kollektives »Ah«, als ich das Teppichmesser ansetze.

»Der ist eh schon tot«, sagt mein Nachbar und stupst den auf dem Boden liegenden Mann mit dem Fuß an.

Ich mache einen sehr kleinen, sehr präzisen Schnitt in die Luftröhre und stecke einen grün-weiß gestreiften Strohhalm rein, so wie ich das mal in einer Folge von *Grey's Anatomy* gesehen habe. Jetzt sieht der Mann so aus, als ob man ihn trinken könnte. Auf einmal fängt er an zu röcheln und öffnet die Augen.

Die Menge um mich herum applaudiert.

»Ich bin gar keine Ärztin«, sage ich leise zum Besitzer vom Edeka. »Ich habe meinen Doktor in Soziologie gemacht«, sage ich.

»Wir sind gar keine echte Edeka-Filiale«, sagt er und zwinkert mir zu.

Oldtimer

Mein Mann und ich sind mit dem Fahrrad unterwegs durch die nächtliche Stadt. Ein Babysitter passt zu Hause auf unsere Kinder auf. Wir überqueren den Alexanderplatz. Es nieselt.

Wir nehmen den Weg durch den, wie immer etwas überfüllten Durchgang zur Karl-Liebknecht-Straße. Mein Mann fährt zügig im gekonnten Slalom durch die Menge, ich versuche, an ihm dranzubleiben, und plötzlich stoße ich mit einer Skateboard fahrenden Bulldogge zusammen. Ich mache eine Vollbremsung und falle beinahe vom Fahrrad.

»Entschuldigung«, sage ich zur Bulldogge. Denn eigentlich darf man hier nämlich nicht mit dem Fahrrad langfahren. Das ist eine Fußgängerzone. Die Bulldogge ist auch stehen geblieben, ein Bein auf dem Skateboard, und blickt mich aus rot unterlaufenen Augen an. Sabber hängt von ihren Lefzen runter. »Hilfe«, flüstere ich leise. Auf gar keinen Fall will ich die Bulldogge darauf aufmerksam machen, dass ich vor ihr Angst habe. Die sollen das doch riechen können. Und das kann diese Bulldogge mit Sicherheit. Ich schaue mich jetzt hilfesuchend nach meinem Mann um und merke, dass ich von ungefähr zwanzig Handykameras gefilmt werde. Die hätten jetzt gerne, dass mir die Töle an die Gurgel springt, schießt es mir durch den Kopf. Das tut sie aber nicht. Sie dreht sich um, steigt mit zwei oder drei Beinen auf das Skateboard und fährt davon in die andere Richtung. Die Handykameras folgen der Bulldogge. Mein Mann steht am Ende des Durchgangs und hat nichts davon mitbekommen.

Ich zittere noch, als wir an unserem Ziel, dem Dunkelrestaurant *Nocti Vagus*, ankommen. »Was ist denn mit dir los?«, fragt mein Mann, als wir unsere Räder vor dem Restaurant anschließen.

»Ich bin gerade eben auf dem Alex mit einer Skateboard fahrenden Bulldogge zusammengestoßen«, sage ich.

»Du bist was?«, fragt er.

»Ich bin gerade auf dem Alex mit einer Skateboard fahrenden Bulldogge zusammengestoßen und dabei von lauter Touristen gefilmt worden«, sage ich.

»Das können wir uns dann sicher später auf YouTube anschauen«, sagt mein Mann und wir betreten das Restaurant.

Das Besondere am *Nocti Vagus* ist, dass man in totaler Dunkelheit diniert. Die Bedienungen sind alle Blinde, denen es nichts ausmacht, in totaler Dunkelheit zu servieren. Bevor wir ins Dunkel geführt werden, müssen wir oben in einem Wartebereich unser Menü auswählen. Wir wählen beide das Überraschungsmenü, bei dem man erst hinterher gesagt bekommt, was man gerade gegessen hat.

»Da kann gar nichts schiefgehen, solange es kein Kaninchen gibt«, sage ich.

»Kaninchen ist doch voll lecker«, sagt mein Mann.

»Aber Kaninchen sind viel zu niedlich zum Essen«, sage ich.

»Lämmer sind auch niedlich«, sagt mein Mann.

»Lämmer sind schon zu groß, um richtig niedlich zu sein. Lamm schmeckt mir«, sage ich. »Kaninchen nicht. Kaninchen sind Freunde mit Puschelschwänzen, kein Essen«, sage ich. »Allein bei dem Gedanken an gebratenes Kaninchen wird mir schon schlecht.«

Wir werden von einer Kellnerin unterbrochen: »Dieses Paar wird heute Abend mit Ihnen am Tisch sitzen«, sagt sie.

»Hallo«, sage ich zu dem jungen Mann und seiner Freundin.

»Hi«, sagen die beiden. »Wir feiern heute, dass wir schon sechs Wochen zusammen sind«, sagt er.

Sie kichert und leckt seine Wange ab.

»Und ihr?«, fragt er.

»Wir feiern ihren vierzigsten Geburtstag«, sagt mein Mann. »Also nach. Sie ist schon vor einem Jahr vierzig geworden.«

»Vierzig, echt?«, sagt die junge Frau. Sie schaut mich mitleidig an. »Du siehst aber noch nicht aus wie vierzig«, sagt sie zu meinem Mann.

Er lächelt.

»Ich bin am Alex mit einer Skateboard fahrenden Bulldogge zusammengestoßen«, sage ich zu dem Pärchen.

Und dann werden wir ins Dunkel geführt.

Die ersten zehn Minuten in totaler Finsternis sind furchtbar. Ich habe das Gefühl, keine Luft zu bekommen, und meine Augen tun weh von dem verzweifelten Versuch, doch irgendetwas erkennen zu können. Außerdem hat meine Nase zugemacht und ich muss mich dringend schnäuzen. Oh Gott, jetzt bist du vierzig, denke ich. Das halbe Leben ist schon vorbei.

»Hast du ein Taschentuch dabei?«, frage ich meinen Mann. Er sitzt direkt neben mir. Das andere Pärchen sitzt uns gegenüber. Der Raum ist voll von Stimmen. Es klingt so, als ob ungefähr fünfzig Leute hier an Tischen sitzen und Spaß haben.

»Nein«, sagt mein Mann und ich taste den Tisch ab nach einer Papierserviette. Ich finde eine und schnäuze mich. Dabei fällt mir mein Messer runter.

Ich bücke mich und taste auf dem Boden herum. Plötzlich habe ich einen Schuh in der Hand, einen Frauenschuh. Das muss der Schuh von der jungen Frau mir gegenüber sein. Die hat sich tatsächlich die Schuhe ausgezogen, denke ich. Merkt ja keiner. Kann ja keiner sehen, denke ich. Auf einmal bekomme ich wieder besser Luft.

»Was machst du denn da?«, flüstert mein Mann.

»Ich suche mein Messer«, sage ich.

»Bist du unter dem Tisch?«, flüstert er.

»Ist da jemand unter unserem Tisch?«, fragt der junge Mann, der gegenüber von meinem Mann sitzt.

»Ich komm jetzt wieder hoch«, sage ich.

»Meine Frau ist unter dem Tisch«, sagt mein Mann. »Sie kommt jetzt wieder hoch.«

»Die können uns doch hören«, sage ich zu meinem Mann. »Sie können uns nur nicht sehen.«

Unser Kellner bringt uns Bier und die Vorspeise. Gemeinsam mit dem Paar gegenüber versuchen wir, herauszufinden, was wir da gerade essen. »Rote Bete«, sagt der junge Mann. »Bestimmt.« Ich höre meinen Mann würgen. Er mag keine Rote Bete. Leider bin ich momentan zweier Sinne beraubt und kann wegen meiner jetzt verstopften Nase fast gar nichts schmecken.

»Ich kann meine Serviette nicht finden«, sagt die junge Frau mir gegenüber. Ich reiche ihr die Papierserviette, in die ich vorher reingeschnäuzt habe. Sie bedankt sich.

Ich versuche, mit Messer und Gabel zu essen, aber das funktioniert überhaupt nicht. Entweder fällt alles von der Gabel, bevor ich sie zum Mund geführt habe, oder ich steche mit der Gabel ins Leere. Dann entdecke ich meine Finger. Komisch, ich habe bis jetzt nie gewusst, wie sinnlich es ist, mit den Fingern zu essen. Alles schmeckt viel besser, viel intensiver. Ich fühle mich so richtig animalisch. Und man ist viel schneller fertig als mit Messer und Gabel. Um mich nicht peinlich zu bekleckern, habe ich einfach mein T-Shirt ausgezogen. Sieht ja keiner.

Den Geräuschen nach zu urteilen, benutzen die anderen ihr Besteck. Ich sage also nichts über mein Essen mit den Fingern. Als ich sehr genüsslich am Ende des Hauptgangs die ganzen kleinen Knochen schmatzend abschlecke, wird mein Mann stutzig:

»Isst du mit den Fingern?«, will er wissen.

»Natürlich nicht«, sage ich.

»Das klingt aber so, als ob du dir die Finger schmatzend abschlecken würdest«, sagt die junge Frau uns gegenüber.

»Hast du dir die Schuhe ausgezogen?«, frage ich sie.

»Natürlich nicht«, sagt sie.

»Hast du kein T-Shirt an?«, fragt mein Mann.

»Das war doch Kaninchen, oder?«, sagt der junge Mann gegenüber und mir wird übel.

»Ich kann doch nichts dafür, dass mir schlecht geworden ist«, sage ich auf dem Weg nach Hause.

»Das war vielleicht ein Erlebnis für die Sinne!«, schwärmt mein Mann. »Geruchlich wie auch geräuschlich. Du beim Kotzen im Dunkelrestaurant.«

»Und dass die anderen beiden dann auch angefangen haben«, sage ich, »da gibt es bestimmt einen medizinischen Begriff für diesen angesteckten Brechreiz.«

»Bestimmt«, sagt mein Mann.

»Aber gut, dass ich mein T-Shirt ausgezogen hatte. Das ist total sauber geblieben«, sage ich.

Auf der Karl-Liebknecht-Straße biegt vor uns ein Fiat Uno ab. Die Eltern meiner Freundin Katrin hatten so ein Auto, als wir Teenager waren. Das Nummernschild endet mit einem H, was bedeutet, dass der Wagen ein historischer Wagen ist. In den letzten zehn Jahren habe ich mich damit abgefunden, dass die Fußballer ab jetzt immer jünger sein werden als ich, aber dass Autos aus meiner Jugend jetzt zu den Oldtimern zählen, hatte ich noch nicht auf dem Schirm. Hinter mich müsste man ab jetzt eigentlich auch ein H setzen, denke ich.

Zu Hause sind die Kinder noch wach. Gemeinsam googeln wir nach der Skateboard fahrenden Bulldogge vom Alexanderplatz und finden diverse YouTube-Videos, unter anderen eines mit dem Titel: »Junge Frau entschuldigt sich bei Skateboard fahrender Bulldogge«.

»Mama, das bist ja *du*!«, ruft meine Tochter erstaunt.

Fast-Super-GAU

Es ist Montagvormittag, die Kinder und mein Mann sind in der Schule und ich lasse die frische Herbstluft in unsere Wohnung. Diese ersten kälteren Tage haben so etwas von Aufbruch, etwas Erhebendes, finde ich. Zeit, das alte Leergut loszuwerden.

Ich packe die Flaschen der letzten Wochen in zwei Fahrradtaschen und will mich mit dem Rad zum etwas weiter weg gelegenen Supermarkt aufmachen, wo man die Flaschen in einen anonymen Automaten stecken kann. Nicht wie bei unserem Edeka an der Ecke, wo man jedes Mal persönlich Rechenschaft darüber abgeben muss, wie viel Bier man konsumiert hat. Mir kommt es jedenfalls so vor, als ob der Besitzer des Ladens mich immer sehr besorgt, aber auch enttäuscht anschaut, wenn ich mehr als zehn leere Bierflaschen zurückbringe. Besonders wenn mein Sohn mir tragen hilft. Deshalb gehe ich mit viel Leergut lieber zum große Edeka. Der Leergutautomat dort ist keine moralische Instanz – zumindest noch nicht.

Ich mache die Satteltaschen am Fahrrad im Hinterhof fest und öffne unsere Haustür auf die Straße hinaus. Vor unserem Haus erstreckt sich rot-weiß gestreiftes Absperrband. Die ganze Straße entlang. Auf der Straße stehen zehn blinkende Feuerwehrwagen und drei Krankenwagen. Ein Mann direkt neben mir macht Fotos mit einer professionell aussehenden Kamera. Auf der abgesperrten Straße stehen einige Feuerwehrleute in Ganzkörperanzügen und mit Gasmasken auf dem Gesicht herum. Einer wickelt gerade etwas in dicke Plastikfolie ein. Ein Hubschrauber kreist über der Gneisenaustraße. Auf dem roten Wagen direkt vor unserer Haustür steht: »Atemschutz«. Auf einem anderen Wagen steht: »Dekontamination«. Ich mache auf dem Absatz kehrt und laufe zurück ins Haus. Ich renne nach oben in die Wohnung und mache ganz schnell alle Fenster zu.

Als die Fenster zu sind, ärgere ich mich, dass ich vor dem Haus niemanden gefragt habe, was los ist. Jetzt will ich nicht mehr rausgehen. Wer weiß, was da passiert ist. Außerdem habe ich ein Kindheitstrauma:

Am 26. April 1986, als es im Reaktorblock vier des Kernkraftwerkes Tschernobyl zu einer Explosion kam, war ich zwölf Jahre alt. Es war Wochenende und ich war mit einer Freundin auf dem Land und habe im Regen getanzt, nicht ahnend, dass der ungünstige Wind aus Richtung Tschernobyl genau diesen Regen in eine radioaktive Dusche verwandelt hatte. Meine Eltern wollten mich anfangs nicht zurück in die Wohnung lassen, als sie erfuhren, dass ich mich ausgerechnet diesem Regen ausgesetzt hatte. Ich war zwölf und damit eh schon grundlegend verunsichert, was mich betraf, und jetzt sollte ich auch noch verstrahlt sein!

Die zwei darauffolgenden Jahre gab es bei uns keine frische Milch zu Hause. In der Speisekammer lagerten Säcke mit Milchpulver und ein schwarzes Kreuz auf dem Tiefkühlspinat signalisierte: »vor Tschernobyl gekauft – unbedenklich«. Es gab auch viel Dosenravioli bei uns zu Hause in jener Zeit. Blaubeeren und Pilze sind mir bis heute suspekt.

Auf einmal bekomme ich tierischen Hunger. Scheiße! Wenn das jetzt der Ernstfall ist? Gerade noch hat die Bundesregierung gemahnt, dass man Vorsorge treffen solle. Für zwei Wochen soll man stets Wasser und Lebensmittel im Haus haben. Ich bekomme plötzlich großen Durst. Wasser!, denke ich und renne ins Bad. Ich fülle die Badewanne, alle Töpfe und Gießkannen. Ein großes Glas kaltes Wasser stürze ich gleich so hinunter. Es schmeckt anders. Mist. Ist das Wasser jetzt noch trinkbar? Warum soll man Wasser eigentlich horten? Weil es nach einem Super-GAU kein Wasser mehr gibt? So ein Quatsch. Das Wasser ist dann doch auch verseucht. Mir wird schwindelig.

Im Kühlschrank finde ich nur eine halbe Flasche Sauerkrautsaft, von einer Saftdiät aus dem Frühling, und eine Flasche Bier. Ich öffne das Bier und trinke die halbe Flasche in wenigen Schlucken leer. Vielleicht desinfiziert Alkohol nach dem kontaminierten Wasser. Ich schaue zum obersten Regal in der Küche, wo unsere Spirituosen lagern, und greife mir eine Flasche Whisky. Ich nehme einen tiefen Schluck aus der Flasche und danach muss ich mich hinsetzen. Ich hole tief Luft. Das funktioniert nicht so gut. Ich bin am Hyperventilieren. Panikattacke. Papiertüte, denke ich. Da muss man rein- und rausatmen, dann beruhigt man sich wieder. Ich greife zu einer alten Brötchentüte und puste in die Tüte rein und hole dann tief Luft, um sie aus der Tüte rauszuatmen. Dabei verschlucke ich mich an den Bröseln, die noch in der Tüte waren, und muss fürchterlich husten. Ich nehme noch einen Schluck aus der Whiskyflasche. Langsam geht es mir besser.

Was haben die auf der Straße eigentlich dekontaminiert? Außerdem hat doch jemand Fotos ohne Gasmaske gemacht und die Kamera sah professionell aus. Den hätte doch niemand in unsere Straße geschickt, wenn er sich damit einer Gefahr aussetzen würde, oder? Andererseits sehen ja alle heutigen Kameras professionell aus, war also vielleicht doch nur ein unvorsichtiger Schaulustiger. Wir als Anwohner sind auch gar nicht gewarnt worden, denke ich. Oder doch? Habe ich irgendwas verpasst?

Schnell googele ich unsere Adresse und »neueste Nachrichten«. Tatsächlich finde ich schon Fotos von unserer Straße mit den Feuerwehrwagen. Bestimmt die von dem Schaulustigen vor unserer Haustür mit der Kamera, die so professionell aussieht. Über den Fotos steht: »Chemieunfall in Kreuzberger Schule«. Es wird kurz erläutert, dass im gegenüberliegenden Tolstoi-Gymnasium wahrscheinlich Formaldehyd ausgetreten ist. Meine Tochter, denke ich. Die geht doch genau auf diese Schule! Einige Schülerinnen und Schüler seien mit Atemwegsreizungen ins Urbankrankenhaus gebracht worden. Mit einem Hubschrauber? Einzelheiten seien noch unklar. Während ich das Telefon suche, um meine Tochter anzurufen, stelle ich mir einen Chemielehrer vor, wie er eine Flüssigkeit von einem Reagenzglas in ein anderes gießt und dann alles explodiert. Kein Wunder, dass mehr Lehrer für die Naturwissenschaften gesucht werden, denke ich und schaue aus dem geschlossenen Fenster auf die Straße. Die Feuerwehrleute legen ihre Masken ab und ich sehe, dass der Besitzer vom Edeka auch vor seinem Laden steht. Die Gefahr scheint gebannt. Nichts wie raus hier, denke ich.

Im Treppenhaus begegne ich meiner Tochter. Ich umarme sie erleichtert.

Sie strahlt mich an: »Die ganzen Feuerwehrautos da draußen«, erzählt sie, »die sind alle hier wegen meiner Schule.«

»Was ist denn genau passiert?«, frage ich.

»Ein Glas mit Händen und Fingern ist runtergefallen!«, ruft sie und lacht.

Sie schaut in mein verständnisloses Gesicht.

»Die haben wir doch für die Geisterbahn benutzt!«

»Welche Geisterbahn?«, frage ich.

»Beim Sommerfest letzte Woche«, sagt sie. »Zum Gruseln haben wir in Formaldehyd eingelegte Hände benutzt und beim Aufräumen heute ist ein Glas mit so einer Hand runtergefallen.« Sie kichert.

»Und was ist mit der Hand?«, frage ich und stelle mir eine schwielige abgetrennte Hand vor. Vielleicht eine Bauernhand aus dem letzten Jahrhundert? Ein bisschen verschrumpelt von dem langen Bad in Formaldehyd und bei dem Sturz unter einen Aktenschrank gekullert, wo sie nun langsam vor sich hin verstaubt.

»Das darf ich nicht sagen«, sagt sie und lacht. »Aus rechtlichen Gründen. Jetzt haben wir frei«, sagt sie und rennt an mir vorbei zu unserer Wohnung. Ich höre die Tür oben ins Schloss fallen.

Im Hof mache ich die Satteltaschen mit dem Leergut des Fahrrades ab und lege sie mir über die Schulter. Irgendwie ist mir jetzt nicht nach anonymen Automaten. Ich brauche den Besitzer vom Edeka, um wieder ein bisschen runterzukommen.

»Da ist was passiert in der Schule«, sagt der Besitzer vom Edeka, während er meine leeren Bierflaschen einsortiert. Es sind um die dreißig Stück. Er wirft mir abwechselnd besorgte und sehr enttäuschte Blicke zu.

»Wahrscheinlich im Chemieunterricht«, sagt er.

»Es ging um ein Formaldehyd-Leck«, sage ich.

»Ist Formaldehyd flüssig oder ein Gas?«, fragt der Besitzer vom Edeka.

»Mein Mann ist Physiklehrer«, sage ich.

Der Besitzer vom Edeka schaut mich besorgt an.

»Ein Glas ist runtergefallen mit einer Hand drinnen«, erkläre ich ihm. »Die war in Formaldehyd eingelegt. Wegen der Geisterbahn. Aber eigentlich dürfen wir das gar nicht wissen, aus rechtlichen Gründen.«

Jetzt schaut der Besitzer vom Edeka wieder enttäuscht und schnüffelt an mir. »Haben Sie getrunken?«, fragt er und schaut auf seine Armbanduhr. Es ist 11.39 Uhr.

Ich schüttle empört den Kopf.

»Ihr Mann ist also Physiklehrer?«, fragt der Besitzer vom Edeka.

Ich nicke und er sieht ganz geknickt aus. Mir fällt ein, dass ich oft beim Flaschen-Zurückbringen erkläre, dass die vielen Bier alle mein Mann getrunken hat, damit der Besitzer vom Edeka mich nicht so enttäuscht anschaut.

»Kein Wunder, dass mehr Lehrer für die Naturwissenschaften gesucht werden«, seufzt der Besitzer vom Edeka und gibt mir meinen Pfandbon.

Nummer sechzehn

Gleich zu Beginn der Coronapandemie habe ich mir meinen oberen rechten Backenzahn zertrümmert. Mit einer Olive. Einer entsteinten Olive! Lächerlich. Dass meine Amalgam-Plomben aus den 1970er-Jahren bröckelten, war mir schon seit Längerem bewusst. Dass aber eine weiche Kalamata-Olive ohne Stein meiner Nummer sechzehn den Garaus machen könnte, hätte ich nicht vermutet. Aber so war es. Kurz vorm Zähneputzen steckte ich mir also diese Olive in den Mund, die vom Abendessen übrig geblieben war.

Ich steckte sie mir in den Mund, nicht weil ich so besonders Lust auf die Olive gehabt hätte, aber sie war die letzte, und bevor ich sie einzeln in ein Bienenwachstuch gewickelt im Kühlschrank gelagert oder sogar im Biomüll entsorgt hätte, steckte ich sie mir eben in den Mund.

»Rest machen«, so nennt das mein Mann und ich hasse diesen Ausdruck eigentlich, weil er suggeriert, dass man etwas isst, nur um etwas ordentlich zu machen, etwas aus dem Weg zu schaffen, und eben nicht, weil man darauf Hunger oder Appetit hat. Aber die Pandemie hatte begonnen, wir hatten alle Angst und ich machte vielleicht aus einer Art Übersprungshandlung heraus Rest und steckte mir die Kalamata-Olive in den Mund. Und damit gab ich wohl meiner Nummer sechzehn auch den Rest.

»Ich habe mir meinen Backenzahn zertrümmert«, sage

ich am nächsten Tag am Telefon zur Sprechstundenhilfe meiner Zahnärztin. »Ich brauche dringend einen Termin.«

Ein paar Stunden später sitze ich auch schon auf dem Zahnarztsessel. Hier ist auf merkwürdige Weise alles beim Alten. Die Zahnärztin und ihre Gehilfinnen tragen Masken, wie immer, ich liege auf dem Sessel und trage keine. Trotzdem ist das alles andere als beruhigend. Ich gehöre nämlich, wie wahrscheinlich so viele Menschen, zu denjenigen, die sehr, sehr viel Angst vor dem Zahnarztbesuch haben. Schon der Geruch beim Betreten des Wartezimmers bringt meine Eingeweide zum Brodeln.

Aber inzwischen bin ich, nach vielen Zahnarztwechseln und zehn Jahren Zahnarztverweigerung, bei der Zahnärztin meiner Kinder gelandet, die eben spezialisiert ist auf Kinder und Angstpatientinnen.

Die Zahnärztin und ihre Gehilfinnen lachen sich kaputt über meinen angeblich zertrümmerten Zahn. »Die Füllung hamse sich rausgebissen«, sagt die Zahnärztin. »Dis fühlt sich im Mund immer größer an, als es in Wirklichkeit is.«

Ich erwische sie dabei, wie sie vor ihren Helferinnen die Augen verdreht.

»Da bröckelt alles«, will ich sagen. »Ah öhhcket ahhes«, sage ich mit offenem Mund.

»Hm-hm«, sagt die Zahnärztin. Dann stochert sie an meinem Zahn herum und der Haken, mit dem sie stochert, fühlt sich so groß an wie eine Mistgabel. »Na, da machen wa halt 'ne neue Füllung rein.« Sie winkt ihrer rothaarigen Helferin, um ihr mit dem Haken zu zeigen, was sie machen will. Sie stochert wieder, dann gibt es einen Ruck.

»Ups«, sagt die Zahnärztin. »Jetzt müssen wa doch 'ne Krone drübermachen.« Sie greift mir in den Mund und holt mit ihren behandschuhten Fingern ein Stück Zahn heraus. »Die Zahnsubstanz war schon ganz marode«, sagt sie. »Total bröckelig, das alles.« Jetzt bin es ich, die die Augen verdreht.

Zwei Tage später soll die große Zahn-OP stattfinden. Gut für mich, hat meine Zahnärztin doch seit Pandemiebeginn viele freie Termine. Und so unangenehm das Stochern im Mund gewesen ist, so hat mich diese Scheinnormalität dort irgendwie beruhigt.

»Wollen Sie fernsehen dabei?«, fragt mich die Zahnärztin, als ich mit verkrampften Händen und schon mit sperrangelweit offenem Mund auf dem Zahnarztsessel liege. Bereit und allem ergeben, was da an Unannehmlichkeiten in meinem Mund passieren möge.

»Fernsehen«? Natürlich! Meine Kinder schwärmen längst davon, dass über dem Zahnarztsessel der Fernseher hängt. Bei mir war er bisher immer ausgeschaltet. Fernsehen lenkt ab, denke ich mir. Fernsehen mache ich gerne. Ich nicke.

»Sie dürfen den Mund noch mal zumachen«, sagt die Zahnärztin. »Dauert alles noch.«

Ich mache den Mund wieder zu. Sie reicht mir ein Paar Kopfhörer. »Arte, oder?«, fragt sie und schaltet mit einer Fernbedienung, ohne meine Antwort abzuwarten, den Fernseher auf Arte. Weinberge sind zu sehen, Musik ertönt und eine Frauenstimme erklärt, wie die Reben heißen, die hier am Hang der Mosel wachsen. Ich bekomme die Fernsteuerung in die Hand gedrückt und entspanne mich. Nach ein paar Minuten stupst mich die Zahnärztin an und bedeutet mir, den Mund zu öffnen. Ich öffne den Mund und bekomme eine Spritze, ohne sie wirklich wahrzunehmen.

»Nachdem jahrelang der Ruf des Moselweins sehr schlecht war, zählen inzwischen einige hiesige Winzer zu den Besten ihres Fachs. Wie zum Beispiel der erst 23-jährige Justin und seine Lebensgefährtin Angelique Rivière. Für ihre edelsten Reben müssen sie hinauf in den steilsten Weinberg Europas. Bis zu 65 Grad Hangneigung machen die Arbeit im Calmont zu einer wahrhaft alpinen Herausforderung«, erzählt eine Frauenstimme, so könnte es immer weitergehen, denke ich und merke, wie die Betäubung zu wirken beginnt.

Auch an den Bewegungen der Ärztin merke ich, dass es jetzt gleich losgehen wird mit dem Rausbohren der restlichen Zahnsubstanz. Ich verkrampfe mich ein bisschen. Und leider ist jetzt auch der Moselbericht vorbei.

»*Schweine schlachten*«, sagt eine männliche Stimme in meinem Ohr. »Ein Film von Ann-Kathrin Eulenberger folgt im Anschluss.« Die Ärztin beginnt, in meinem Kiefer zu bohren, just im selben Moment, als auf dem Bildschirm das große Schweineschlachten beginnt.

»So ein richtig gutes Gefühl haben viele beim Fleischkonsum nicht – oder nicht mehr – und überlegen, weniger oder kein Fleisch mehr zu essen, wegen des Klimawandels oder der Fleischskandale, ethisch fragwürdiger Massentierhaltung sowie verstörender Schlachthofvideos, die von Tierschutzorganisationen publiziert werden. Wir zeigen hier einige Beispiele.«

Mir wird ganz anders. Ich will schnell umschalten, finde in meiner Position aber den richtigen Knopf nicht und drücke aus Versehen auf lauter. Die Todesschreie der sterbenden Ferkel zerschmettern fast mein Trommelfell. »Ausmachen!«, will ich rufen. »Ahhahhan«, mache ich. »Gleich vorbei, gleich vorbei«, dringt die Stimme der Zahnärztin ganz schwach durch die Todesschreie der Ferkel. »Jetzt schön stillhalten«, brüllt sie mir zu.

Ich kann die Augen zumachen, denke ich. Aber das Gequieke und das Gekreische hört nicht auf und die Zahnärztin auch nicht.

Ein Jahr später ist die Krone ein natürlicher Teil von mir und wir tragen immer noch Masken im Supermarkt und in der U-Bahn. Ich räume den Tisch ab und stecke mir geistesabwesend eine letzte Cherrytomate in den Mund. Diesmal mache ich nicht Rest. Dieses Mal habe ich Hunger, weil ich eigentlich immer ein bisschen hungrig bin, seitdem ich kein Fleisch mehr esse. Auf jeden Fall breche ich mir mit der Cherrytomate die Hälfte meines Gold-Inlays heraus.

Schon am nächsten Tag liege ich wieder auf dem Zahnarztsessel. Vorher war ich dreimal auf der Toilette und meine Finger sind schweißnass. »Na, dis wird wieder was Längeres bei Ihnen«, sagt die Zahnärztin. »Wir machen Sie schon mal fertig.«

Mit Schrecken sehe ich, dass der Fernseher schon eingeschaltet ist. Wieder Arte. Noch geht es offensichtlich um Tomaten, ausgerechnet. Aber ich weiß, dass der Schein trügen kann. Ich schaue schnell weg vom Fernseher und der Zahnärztin dabei zu, wie sie ihren Schutzschild zurechtrückt und ihren Stuhl rauffährt.

»Und Sie sind auch schon geboostert?«, frage ich, mehr um mich abzulenken als aus Interesse.

Die Zahnärztin hält inne, zögert kurz, räuspert sich und sagt: »Ich hätte mich impfen lassen können«, sagt sie, »aber ich will mich nicht impfen lassen.«

»Ach?«, sage ich und schiele auf den Fernseher. Die Tomatensendung scheint zu Ende zu sein. Bilder von Tausenden von Hühnern in kleinen Käfigen sind zu sehen. »*Kü-*

kenschreddern: Ein Film von Katja Bonobst«, steht auf dem Bildschirm.

»Meiner achtzigjährigen Mutter habe ich auch gerade dringend davon abgeraten«, sagt die Zahnärztin.

»Könnte ich bitte den Kopfhörer haben?«, sage ich.

Dann lege ich mich zurück, öffne den Mund und drücke auf volle Lautstärke.

FÜNF:
URLAUB

Wenn möglich, bitte wenden

August 2011. Mein Freund und ich fahren das erste Mal mit dem Auto in die Sommerferien und nehmen unser Kind mit. Wir fahren nach Frankreich, genau an denselben Ort, an dem er als Kind mit seinen Eltern immer in den Sommerferien war.

Mein Freund hat sich für unsere Reise nach Frankreich ein Navi gekauft, unser erstes. Er wolle Konfliktsituationen vermeiden, sagt er, wie die, die er noch aus seiner Kindheit kennt.

»Jedes Mal«, erzählt er, »jedes Mal vor Paris fing es an. Mein Vater saß hinter dem Steuer und meine Mutter auf dem Beifahrersitz und navigierte. Die einzige Schwierigkeit der ganzen Reise lag daran, an Paris vorbeizufahren. Und jedes Mal«, sagt er beschwörend, »und jedes Mal sind wir doch in Paris gelandet. Meistens mitten im Verkehrschaos.« Er seufzt. »Es hat immer Stunden gedauert, da wieder rauszukommen.«

»Was war das Problem?«, frage ich.

»Das Problem war immer die Ausfahrt Paris l'Ouest«, sagt er. »Immer.«

»Paris l'Ouest?«, frage ich.

»Um Paris erfolgreich zu umfahren, mussten wir im Westen von Paris Autobahnen wechseln«, sagt er.

»Paris l'Ouest?«

»Genau«, sagt er. »Das war das Problem. Die Aussprache meiner Mutter. ›Paris l'Ouest‹ heißt nämlich ›Paris Ost‹ und nicht ›Paris West‹.«

»Wirklich?«, sage ich. »Das wusste ich nicht.« Dabei hatte ich Französisch-Leistungskurs, denke ich.

»Paris l'Ouest!«, hat meine Mutter immer gebrüllt und mein Vater hat das Lenkrad herumgerissen, um die Ausfahrt noch zu bekommen. Und jedes Mal sind wir auf diese Weise über die falsche Ausfahrt mitten nach Paris hineingeraten. Und in Paris ist immer Stoßverkehr.«

»Und die haben doch diese breiten Straßen ohne geregelte Spuren und so viel Kreisverkehr«, sage ich.

»Genau. Und dann haben sie sich angebrüllt. Jedes Mal, mitten in Paris hat mein Vater dann gedroht, meine Mutter zu verlassen. Aber er hat sie ja gebraucht, um wieder aus Paris herauszufinden. Von wegen ›Stadt der Liebe‹. Und deshalb fahren wir dieses Jahr nach Frankreich mit einem Navi«, sagt er. »Und«, fügt er hinzu, »weil du einfach keine gute Kartenleserin bist.«

»Bei der nächsten Abbiegung links abbiegen, bleiben Sie rechts«, sagt das Navi.

»Das sind doch zwei völlig widersprüchliche Aussagen«, sage ich. Mein Freund wirft mir einen milden Blick zu, fährt links ab und bleibt auf der rechten Spur.

»Ach so.«

»Trotzdem«, sage ich. »Ich traue diesem Ding nicht.«

Mein Freund fährt auf die linke Spur. »Bleiben Sie rechts«, sagt das Navi. Mein Freund fährt auf die rechte Spur zurück.

Schon nach Minuten wird klar: Ich hasse dieses Navi. Ich hasse die geduldige weibliche Stimme, mit der das Navi Anweisungen gibt. Ich hasse es, dass mein Freund ihr wirklich zuzuhören scheint. Und ich hasse dieses blinde Vertrauen, das mein Freund ihr schon nach wenigen Minuten entgegenbringt. Unglaublich, bei mir hat das zwei Jahre gedauert.

»Weißt du, dass Leute mit ihrem Auto schon rückwärts ins Hafenbecken gestürzt sind, weil sie dem Navi vertraut haben und nicht ihren eigenen Augen?«, frage ich. Mein Freund schaut mich ungläubig an. »Das Navi hat gesagt, sie sollten immer weiter zurücksetzen. Sie hat aber gelogen«, sage ich.

»Sie?«, fragt mein Freund.

Das Doofe ist nur, es scheint echt gut zu funktionieren mit dem Navi und meinem Freund. Sie gibt Anweisungen, er befolgt sie, sonst wird geschwiegen. Und ich bin wirklich keine gute Kartenleserin. Die geduldige Stimme des Navis und das Schweigen meines Freundes werden nur durch die Hörspielstimmen der Hörspiele meiner Tochter unterbrochen. »Das ist Conni, Conni mit der Schleife im Haar.« Meine Tochter singt: »Das ist Conni, Conni mit der Scheiße im Haar.«

Zehn Stunden später, kurz vor Paris sehe ich ein Schild, auf dem »Paris l'Ouest« steht. »Schau mal«, sage ich zu meinem Freund. Er schaut und zuckt mit dem Augenlid. Vor uns bleibt ein Auto abrupt stehen. Stau.

»Heißt ›l'Ouest‹ jetzt Westen oder Osten?«, frage ich und mein Freund zuckt wieder mit dem Augenlied.

»Eine alternative Route wurde gefunden. Sie sparen fünf Minuten. Wollen Sie das?«, fragt das Navi.

»Ja«, sagt mein Freund.

»Eine alternative Route wurde gefunden. Sie sparen fünf Minuten. Wollen Sie das?«, fragt das Navi wieder.

»Ja«, sagt mein Freund jetzt laut.

»Du musst auf ›Ja‹ drücken«, sage ich und drücke auf ›Ja‹. »Nächste Abbiegung rechts abbiegen, bleiben Sie links«, sagt das Navi. Mein Freund schaut es dankbar und erleichtert an.

»Ich habe Hunger!«, brüllt meine Tochter vom Rücksitz. Ich reiche ihr eine durchweichte Schinkenstulle.

Mein Freund nimmt die nächste Ausfahrt rechts, über der das große Schild mit ›Paris l'Ouest‹ hängt, und bleibt auf der linken Spur.

»Jetzt sind wir doch ›Paris l'Ouest‹ rausgefahren«, sage ich. Mein Freund schaut mich böse an.

»Das Navi hat gesagt, wir sollen«, knurrt er.

»Das hat deine Mutter früher auch immer gesagt«, sage ich. Mein Freund sagt nichts und wechselt auf die rechte Spur. »Bleiben Sie links«, sagt das Navi. Mein Freund wechselt wieder zurück auf die linke Spur.

Die Ausfahrt führt uns direkt hinein in die Stadt. »Aber siehst du, kein Stau«, sagt mein Freund. Dann werden die Straßen vor uns immer voller. »In Paris ist immer Stoßverkehr«, murmelt mein Freund.

Wir kommen an eine große Kreuzung. Mein Freund schaut das Navi fragend an, wird bleich und schluckt. »Seit zwei Minuten kein Signal mehr«, steht dort auf dem Bildschirm. Das Navi schweigt.

»Was hat sie als Letztes gesagt?«, flüstert mein Freund.

»Sie?«, frage ich und sage triumphierend: »Bleiben Sie links.«

Die Autos vor uns bleiben jetzt stehen. Auch hier in der Stadt scheint Stau zu sein.

»Seit zehn Minuten kein Signal mehr«, steht auf dem Display des Navis, als wir uns in den ersten Kreisverkehr von Paris in zähflüssigem Verkehr einfädeln.

»Du weißt doch schon lange nicht mehr, wo wir sind und wo wir hinmüssen«, brülle ich meinen Freund an. Mein Freund schweigt. »Hast du keine Karte von Paris eingepackt, du Idiot?«, brülle ich weiter.

»Wir haben doch das Navi«, knurrt mein Freund. »Sie kommt bestimmt gleich zurück.«

»Ich muss pullern!«, brüllt meine Tochter vom Rücksitz.

»Nicht jetzt!«, sage ich.

»Ich muss aber dringend pullern«, sagt meine Tochter, »sehr dringend!« Meine Tochter und ich springen raus und sie pullert an den Straßenrand. Mein Freund steckt mit dem Auto mitten auf der Straße im Stau fest. Aber als meine Tochter fertig ist, kommt Bewegung in die Autoschlange, mein Freund fährt weiter und lässt uns einfach am Straßenrand stehen, ohne Handy, ohne Geld. Meine Tochter fängt an zu weinen.

Eine halbe Stunde später hält er neben uns am Straßenrand. Er kurbelt das Fenster runter und ruft: »Sie ist wieder da!«, und gibt Gas. Als er uns weitere dreißig Minuten später endlich abholt, entschuldigt er sich: »Sorry, ich hab ganz vergessen, euch mitzunehmen. Das Navi hatte gar nichts gesagt.«

Ich lass los

Meine Tochter ist sechs Jahre alt und steht total auf *Die Eis-königin.*

»Ich lass los«, tönt es aus allen Ecken unserer Wohnung. »Ich lass los«, singt meine Tochter, zu jeder Uhrzeit. Eigentlich brüllt sie es eher. »Das ist zu laut!«, brüllt ihr kleiner Bruder zurück. Mein dreijähriger Sohn steht auch auf den Film, mag es aber lieber leise.

»Ich lass los, lass jetzt los. Die Kraft, sie ist grenzenlos.« Das singt die Eiskönigin, als sie endlich ihrem inneren Drang nachgeben kann und mit ihren magischen Kräften ein Schloss aus Eis baut.

»Ich will auch in einem Schloss wohnen«, sagt meine Tochter. »Ich auch«, sagt mein Sohn.

Überhaupt laufen meine Tochter und ihre beste Freundin Nicola, seitdem sie den Film gesehen haben, nur noch in Prinzessinnenkleidern herum. Mein Sohn trägt das zu klein gewordene Kleid von Schneewittchen.

»Echte Schlösser sind gar nicht gemütlich«, sagt mein Mann. »Alt, zugig und grau.«

»Ich will aber trotzdem«, sagt meine Tochter und fängt wieder an zu singen: »Ich lass los«, schmettert sie, »lass jetzt los ...« – »Das ist zu laut!«, brüllt mein Sohn.

Wir beschließen, den Kindern einen Realitycheck zu verpassen, und machen einen Ausflug nach Potsdam.

Mein Mann und ich waren schon mal vor sieben Jahren in Potsdam und haben uns das Neue Palais angeschaut. Damals noch ohne Kinder. Das war lustig. Wir mussten uns Filzschlappen über unsere Schuhe ziehen und haben eine Führung mitgemacht. Auf der Fahrt nach Potsdam erzähle ich den Kindern von den Filzschlappen und wie lustig das war, die anzuziehen.

»Ich will aber keine Filzschlappen anziehen«, sagt Nicola. »Warum denn nicht?«, fragt meine Tochter.

»Ich habe Angst, dass die stinken«, sagt Nicola und auf einmal finde ich den Gedanken an fremde Filzschlappen auch gar nicht mehr so lustig.

»Vielleicht sind das ja so glitzernde Schlappen, so wie für Prinzessinnen«, überlegt meine Tochter.

»Vielleicht«, sage ich und erinnere mich an die eher gräulichen Omapantoffeln, die wir beim letzten Mal anziehen mussten.

Als wir beim Neuen Palais ankommen, sind die Kinder doch beeindruckt. Das Barockschloss sieht auch sehr hochherrschaftlich aus in der Wintersonne. Wir kaufen uns Eintrittskarten und beeilen uns, zum Nebeneingang zu gelangen. In fünf Minuten beginnt dort die Führung.

Nicola macht extra langsam, wie mir scheint. »Komm, wir müssen uns beeilen«, sage ich zu ihr. Mein Mann schaut mich böse an. Auch meine Tochter und ihr Bruder schütteln den Kopf über mich.

»Komm, wir müssen uns beeilen« ist ein gefährlicher Satz bei uns zu Hause. Sobald er normalerweise fällt, beginnt eines der Kinder, langsamer zu machen. Ich habe in einem Erziehungsratgeber gelesen, dass dieses Extra-langsam-Machen nicht bedeutet, dass das Kind rebelliert, im Gegenteil, es bedeutet die totale Kooperation des Kindes, welches der offensichtlichen Stresssituation mit seinem Schneckentempo den Druck entnehmen will, oder so ähnlich. Mich macht es rasend. Jedes Mal.

Aber jetzt sind wir nicht zu Hause und Nicola ist nicht mein Kind. Also sage ich noch mal: »Komm, wir müssen uns beeilen.« Nicola macht tatsächlich schneller. Aber leider fängt sie dabei an zu weinen: »Ich will aber keine Filzschlappen anziehen«, heult sie. »Die Filzschlappen stinken bestimmt nach Käsefüßen«, schluchzt sie. Vor dem Nebeneingang stehen vier Leute und schauen zu uns herüber.

»Vielleicht riechen die gar nicht so schlimm«, sagt meine Tochter und legt Nicola den Arm um die Schultern.

»Ich lass los«, trällert mein Sohn und Nicola muss lachen. Zum Glück.

Der Nebeneingang ist eine erstaunlich nüchterne Tür, die jetzt von einer Frau um Mitte dreißig geöffnet wird. Sie bittet unsere kleine Gruppe herein und mustert die Kinder argwöhnisch.

Die Kinder mustern den Vorraum zum Schloss – ebenfalls argwöhnisch. »Das habe ich mir ganz anders vorgestellt«, sagt meine Tochter. »Wo sind denn die Stinkeschlappen?«, fragt Nicola.

Die Führerin schaut spitz. »Sie müssen keine Pantoffeln mehr anziehen. Das wurde aus hygienischen Gründen abgeschafft«, sagt sie. »Aber achten Sie darauf, immer auf dem Teppich zu bleiben.« Nicola lacht und tanzt ein bisschen vor Freude darüber, dass es keine Filzschlappen gibt. Mein Mann fängt nervös an zu zwinkern, als die Führerin den Eingang hinter uns wieder absperrt.

Leider ist unsere Führerin keine geborene Führerin. Sie

nuschelt und spricht sehr leise. Aber vielleicht sind unsere Kinder auch nur sehr laut.

Im ersten Saal gruppieren wir Erwachsenen uns um sie herum. Mein Sohn klettert auf einen herumstehenden Stuhl, Nicola fasst einen Tisch mit Marmorplatte an und meine Tochter starrt auf das Gemälde an der Wand, auf dem ein orientalisch aussehender Mann im Käfig zu sehen ist. Die Führerin schaut auf Nicola. »Hhhhh«, macht sie und zuckt zusammen. »Könnten Sie bitte nichts anfassen«, sagt sie zu mir. »Ich fasse gar nichts an«, sage ich verblüfft und die Führerin zeigt mit ihrem Finger auf Nicola. Die vier anderen Erwachsenen schauen mich streng an. Mein Mann steht neben meiner Tochter und schaut genauso fasziniert auf das Gemälde. »Mama«, fragt meine Tochter, »wer ist das denn auf dem Bild?«

»Wer ist das denn auf dem Bild?«, frage ich die Führerin. Im gleichen Moment fällt der Blick der Führerin auf meinen Sohn, der jetzt auf der Sitzfläche des Stuhles steht.

»Hhhhh«, macht die Führerin und ich hole meinen Sohn vom Stuhl herunter. Er strampelt und schreit und tritt mir gegen das Schienbein. »Bitte nicht klettern«, sagt die Führerin. Wer der orientalisch aussehende Mann im Käfig auf dem Gemälde ist, erklärt sie nicht. Stattdessen werden wir in den nächsten Raum geführt.

Dort stehen ein sehr kleiner Esstisch und eine hübsche Kommode. Die Führerin erzählt in ihrer sehr leisen und nuscheligen Stimme, wie die Könige und Königinnen früher aufs Klo gegangen sind. Das interessiert mich. Ich trete näher an sie heran, um sie besser verstehen zu können, und sehe aus dem Augenwinkel, wie Nicola über die Absperrkordel klettert und eine der Schubladen der antiken Kommode öffnet. Das knarzt und die Führerin dreht sich sofort zu dem Geräusch.

»Hhhh«, macht sie. »Könnten Sie bitte ...«, sagt sie und schaut wieder streng. »Du darfst hier nichts anfassen!«

»Ich weiß«, sagt Nicola. »Aber ich muss einfach.«

Der Sohn meiner besten Freundin hatte mal so einen Tick, als er neun Jahre alt war. Da musste er auch zwanghaft alles anfassen. Solche Ticks kommen angeblich häufig vor bei Kindern, sagt der Erziehungsratgeber.

»Wie war das jetzt mit dem Klo?«, frage ich laut, als wir den Saal verlassen.

Meine Tochter verdreht die Augen und sagt: »Toilette, Mama.«

»Wie war das jetzt mit der Toilette?«, frage ich.

Die Führerin ignoriert mich, aber ein älterer Herr bleibt stehen und erklärt mir, dass die Königinnen und Könige überall im Schloss kacken konnten, wo sie wollten. Der Klostuhl wurde ihnen einfach immer hinterhergetragen. »Stuhlgang halt«, sagt er und lacht ganz laut.

Im nächsten Saal hängt das riesige Gemälde einer Prinzessin. Die Prinzessin auf dem Bild ist sehr hässlich und trägt ein gräuliches Kleid. Meine Tochter starrt das Bild an. Ich ertappe Nicola dabei, wie sie unter der Absperrkordel durchgreift und ein Brokatsofa streichelt. »Hhhh, könnten Sie ...«, sagt die Führerin und ich schnappe mir Nicola und stelle sie neben meine Tochter vor das Bild der Prinzessin.

»Ich habe mir die Prinzessin aber ganz anders vorgestellt«, sagt meine Tochter.

»Ich lass los«, schmettert Nicola, »lass jetzt los. Die Kraft, sie ist grenzenlos«, brüllen jetzt beide Kinder gemeinsam und kichern.

»Das ist zu laut«, brüllt mein Sohn. Die Führerin hört auf zu reden: »Hhhh«, macht sie zu meinem Mann: »Könnten Sie ...« Mein Mann legt seinen Finger auf die Lippen und schaut die beiden Mädchen streng an. Das kann er aber nicht so gut wie die Führerin und die beiden lachen noch mehr.

»Was?«, fragt mein Sohn und ich sehe Tränen in seinen Augen. Er mag es gar nicht, wenn er etwas nicht versteht. »W... w... w... w... w... worüber lacht ihr?«, fragt mein Sohn jetzt und die Tränen laufen schon über seine Wangen. Automatisch greife ich in meine Tasche, um den Schnuller rauszuholen. Der beruhigt ihn immer sofort. Die Tasche ist leer. Mist. Kein Schnuller.

Die beiden Mädchen singen noch mal: »Ich lass los, lass jetzt los. Die Kraft, sie ist grenzenlos!«

»Das ist zu lauuuuuuuut«, brüllt mein Sohn. »Ich will meinen Lollo«, fordert er und meint dabei seinen Schnuller. Den Schnuller, den ich eben nicht dabeihabe. Mein Mann und meine Tochter schauen mich beide fragend an. Ich schüttle den Kopf. Mein Mann zuckt einmal mehr mit dem Auge, meine Tochter wird ganz blass und hält sich die Ohren zu.

»Hhhhhh«, macht die Führerin.

»ICH WILL MEINEN LOLLOOOOOO!!!«, brüllt nun mein Sohn. Auch er hat mein Kopfschütteln bemerkt. »Ich will meinen Lolloooo!«, brüllt er noch mal und wirft sich über die Absperrkordel. Mein Mann kann ihn gerade noch festhalten, bevor er den Teppich verlässt.

Mein Sohn schluchzt und brüllt und versucht, sich von seinem Vater loszureißen. Der hält ihn fest. Mein Sohn kneift ihn in die Nase, bohrt seinen Zeigefinger in sein linkes Auge und brüllt ihm ins Ohr. Meine Tochter sagt: »Mama, warum gehst du nicht einfach mit ihm raus?«

»Ich kann nicht«, sage ich und schaue die Führerin dabei fragend an. Sie schüttelt den Kopf und macht: »Hhhhh.« Und zum ersten Mal erhebt sie die Stimme ein bisschen und erklärt dem Rest der Gruppe, warum die Betten damals so kurz waren.

Nach einer Viertelstunde lässt uns die Führerin endlich wieder raus aus dem Schloss. Mein Sohn ist heiser und völlig erschöpft, mein Mann hat blutige Kratzer im Gesicht und die Mädchen maulen, weil sie sich ein Prinzessinnenschloss viel schöner vorgestellt haben.

Auf der Rückfahrt im Auto schläft mein Sohn sofort ein. Die Mädchen summen »Ich lass los« vor sich hin.

»Im echten Schloss der Eiskönigin darf man sicher alles anfassen«, sagt Nicola.

»Hhhhh«, macht meine Tochter. »Dann schmilzt alles«, sagt sie.

Zwei Tassen im Schrank

»Schau mal, die Tasse ist ja schön«, sage ich und halte meinem Mann eine weiß-blau gemusterte Porzellantasse unter die Nase.

Mein Mann, unsere Kinder und ich verbringen die Sommerferien dieses Jahr in Schweden, in Småland. Wir stehen gerade im Souvenirshop auf dem Katthult-Hof, dem Zuhause von Astrid Lindgrens »Michel aus Lönneberga«. Wirklich!

Wir haben auch so ein typisches rotes Holzhaus gemietet.

»Sieht aus wie in Bullerbü«, sagt meine zwölfjährige Tochter. Die »Kinder aus Bullerbü« sind ihre Lieblingsgeschichten von Astrid Lindgren.

Unser Haus liegt, wie alle schwedischen Ferienhäuser, ganz in der Nähe eines Sees. Gleich am Tag nach unserer Ankunft in Schweden liefen wir hinunter zum See, wo ein schmaler Sandstrand mit einem Steg und einem niedlichen roten Häuschen auf uns wartete.

»Das ist ein Umkleidehäuschen«, sagte ich. Ich war schon mal in Schweden, vor zwanzig Jahren. »Die Schweden sind ein bisschen verklemmter als wir Deutschen«, sagte ich.

»Ich dachte, die Schweden gehen nackig baden«, sagte mein Mann.

»Nur im Meer«, sagte ich.

Mein Mann ist zum ersten Mal in Schweden.

Die Kinder griffen ihre Badeanzüge und verschwanden im Umkleidehäuschen. Es war bewölkt und ein frischer Wind wehte über den See. Ich fröstelte. Außer uns saß nur noch eine andere Familie am Strand. Der Vater war ein blonder Duttträger mit Bart. Seine Frau hatte ihre Haare zu zwei Zöpfen geflochten. Im Sand vor ihnen spielten zwei weißblonde Kinder.

»Die sind sicher aus Kreuzberg«, sagte mein Mann. Ich lächelte wissend. Wir wohnen selbst in Berlin-Kreuzberg.

Rechts von uns lagerte eine Gruppe Teenager um einen Lautsprecher und ein paar Dosen Bier.

Plötzlich kam meine Tochter aus dem Umkleidehäuschen gelaufen. »Mama«, rief sie. Mein neunjähriger Sohn trottete mit besorgter Miene hinterdrein. Sie waren beide nicht umgezogen. »Mama, da drinnen ist ein Hakenkreuz an die Wand gemalt.«

Die Kinder blieben vor uns stehen und schauten uns fragend an. Mein Mann eilte empört zu dem Umkleidehäuschen. Ich schielte verstohlen in Richtung der plötzlich sehr blond aussehenden Familie. Trugen Identitäre nicht auch Dutts und Bärte? Das Schlimme war doch, dass man die Identitären kaum noch von Kreuzberger Hipstern unterscheiden konnte. Oder waren die Identitären inzwischen identisch mit den Kreuzberger Hipstern? Die geflochtenen Zöpfe der Frau sahen mit einem Mal regelrecht völkisch aus. Die Teenager neben uns hatten ihre Musik unterdessen auf volle Lautstärke gedreht: Death Metal.

»Scheiß Nazis«, schimpfte mein Mann, als er kopfschüttelnd aus der Umkleide kam. Zu den Kindern sagte er: »Da geht ihr nicht wieder rein.«

»Ich will gar nicht mehr baden«, erwiderte mein Sohn.

»Baden bei 16 Grad Celsius wird sowieso überbewertet«, sagte mein Mann.

Auch deshalb haben wir ab dem zweiten Urlaubstag unsere Tour zu den schönsten Schauplätzen der Astrid-Lindgren-Verfilmungen angetreten.

Gestern waren wir in Bullerbü. Also dort, wo alle drei *Bullerbü*-Filme gedreht worden sind.

»Es sieht alles genauso aus wie im Film«, befand meine Tochter glücklich. Wir aßen Waffeln mit Himbeerkompott, die Kinder sprangen in der Scheune vom Heuboden in meterhohe Heuhaufen. Nur der Shop war wegen Krankheit geschlossen.

Deshalb stehen wir jetzt ganz begeistert im Souvenirshop auf dem Katthult-Hof, also vom Filmschauplatz des Katthult-Hofs, auf dem sich seit den 1970er-Jahren nichts verändert hat. Bis auf den Kirschbaum, auf dem Michel zu Beginn der Filme herumklettert. Der ist größer geworden.

»Schau mal, das ist doch der Fahnenmast, an dem Michel Klein Ida hochgezogen hat«, hat mein Sohn gerufen, als wir vorhin ankamen.

»Eigentlich heißt Michel ja Emil«, sagte ich. Meine Tochter verdrehte die Augen.

»Aber Emil war in Deutschland schon von Erich Kästners Emil besetzt«, sagte ich. »Da haben sich die deutschen Übersetzer für Michel entschieden«, sagte ich.

»Das hast du uns schon drei Mal erzählt«, sagte meine Tochter.

Das mochte wohl sein. Mein Sohn hatte jedenfalls bisher offensichtlich nie zugehört. Sehr überrascht schaute er mich an.

»Emil?«, sagte er. »Das klingt ja voll doof.« Die Geschichten von Michel sind seine Lieblings-Lindgren-Geschichten.

»Bei mir in der Schule gibt es auch einen Emil«, sagte mein Sohn. »Der schubst immer und ist voll blöd.«

»Da ist der Tischlerschuppen!«, rief uns meine Tochter zu.

»Emil aus Lönneberga?«, murmelte mein Sohn gereizt. »Emil in der Suppenschüssel? Klingt doch voll doof!«

Mein Mann sah mich vorwurfsvoll an.

Im Tischlerschuppen vergaß mein Sohn seinen Unmut gegen Michels wahren Namen und die Kinder zählten alle Holzmännchen.

»121«, sagte mein Sohn.

»119«, sagte meine Tochter. »Du hast die zwei da doppelt gezählt.«

»Gar nicht!«

»Wohl.«

»Komm, wir suchen den Shop«, sagte ich zu meinem Mann und zog ihn vom Streit der Kinder fort.

Zum Glück ist der Souvenirladen in Katthult genauso, wie man sich einen Souvenirladen in Småland wünscht. Es gibt Elch-Schlüsselanhänger, Bonbons aus Mariannelund, geschnitzte Holzgewehre, blaue Kappen und Schulhefte, aber auch selbst genähte Kulturbeutel und Tassen.

»Erstaunlich günstig«, sagt mein Mann und nimmt noch eine zweite weiß-blaue Tasse aus dem Regal. Die hat ein anderes Muster – nicht ganz so schön wie die Tasse, die ich in der Hand halte, aber auch hübsch.

»Ich will eine Büsse!«, ruft mein Sohn, als er reinkommt. Er hat die Holzgewehre entdeckt.

Die anderen Touristen lächeln, weil mein Sohn das Michel-Wort benutzt hat und alle Touristen hier Deutsche sind. Er hat »Büsse« gesagt statt »Büchse«, genau wie Michel in den Büchern und Filmen. Also wie Emil.

Der Verkäufer graviert den Namen meines Sohnes in den Griff des Holzgewehrs und meine Tochter setzt sich eine blaue Michel-Mütze auf.

»Schau mal«, sagt sie. Sie sagt aber nicht »Müsse« statt »Mütze« wie Michel.

»Die steht dir«, sage ich. »Die bekommst du als Souvenir.« Mein Mann kriegt Bonbons aus Mariannelund und ich kaufe mir die zwei Tassen.

Zwei Monate später, zurück in Berlin-Kreuzberg, besucht uns mein Freund Dudi aus Tel Aviv mit seiner Tochter. Sie leben in München, wir sehen uns nicht oft. Zum Frühstück hole ich meine neue schwedische Lieblingstasse aus dem Schrank und stelle sie Dudi hin. Es ist die mit dem weiß-blauen Muster, aus der trinke normalerweise nur ich. Aber Dudi ist ein seltener Gast und ich mag ihn so gern, da mache ich eine Ausnahme.

Gerade als wir uns alle gesetzt haben und Dudi den ersten Schluck Kaffee nimmt, zuckt seine Tochter zusammen. »Was geht hier ab?« Sie schaut mich fragend an. Sie ist gerade achtzehn geworden und eine sehr energische junge Frau.

»Was?«, frage ich.

»Die Tasse!«, sagt sie.

»Die habe ich aus Schweden«, sage ich.

Dudi hält die Tasse ein bisschen weiter von sich weg und betrachtet sie kritisch. Er ist ein Kaffee-Aficionado. Er steht nicht so auf meinen Filterkaffee.

»Die haben wir auf dem Katthult-Hof von Michel aus Lönneberga gekauft«, erzähle ich.

»Ich habe eine Büsse bekommen«, ruft mein Sohn dazwischen und läuft aus der Küche, um sein Holzgewehr zu holen.

»Und ich die Kappe«, sagt meine Tochter und will ihre Mütze holen.

»Hä?« Dudis Tochter schaut mich an. Sie ist wohl keine Michel-Expertin.

»Michel aus Lönneberga«, sage ich. »Die Kinderbücher von Astrid Lindgren. Wo die verfilmt wurden in den 1970ern. Da waren wir. Das ehemalige Filmset ist heute ein Freiluftmuseum.«

»Michel heißt in Schweden eigentlich Emil«, sagt mein Mann.

Mein Sohn stürmt in die Küche und hält sein Holzgewehr in die Höhe. Meine Tochter folgt hinter ihm, stolz erhobenen Hauptes die blaue Kappe präsentierend.

»Äh, da sind lauter Hakenkreuze drauf, auf der Tasse«, sagt Dudis Tochter.

»Nein«, sage ich.

»Doch«, sagt Dudis Tochter.

Wir starren alle auf die Tasse, die Dudi in der Hand hält.

»Oh Gott«, sagt mein Mann. Er sieht es.

Mein Sohn lässt sein Holzgewehr fallen. Er sieht es auch.

Meine Tochter zieht lautstark die Luft ein und reißt sich die Mütze vom Kopf. Sie hat es auch gesehen.

Und plötzlich sehe ich es auch: Die Tasse ist übersät mit Hakenkreuzen. Das weiß-blaue Muster, das die gesamte Tasse bedeckt, ist ein reines Hakenkreuzmuster.

»Nein!«, sage ich noch einmal. »Aber das ist doch meine Lieblingstasse!«

Meine Familie schaut mich böse an.

Vor meinem inneren Auge sehe ich mich selbst im Laufe der vergangenen zwei Monate. Wie ich morgens im Sessel genießerisch den ersten Kaffee trank aus der Hakenkreuztasse; wie ich mit meiner besten Freundin am Küchentisch meinen Nachmittagskaffee schlürfte aus der Hakenkreuztasse! Wie ich per Zoom meine Seminare in Kommunikationswissenschaft gab, zwanzig Augenpaare auf mich gerichtet, während ich zwischendurch meine Stimmbänder befeuchtete mit einem Schluck Tee aus der HAKENKREUZTASSE!!!

Monatelang habe ich mich an meiner Lieblingstasse gefreut, tagein, tagaus, zufrieden in meinem Kreuzberger Familienalltag ohne Hakenkreuze. Kein Hakenkreuz nirgends konnte ich sehen von den ungefähr fünfzig, die von nun an eindeutig und für jeden sichtbar auf der Tasse prangen bis in alle Ewigkeit.

»Once you've seen it, you can't unsee it«, sagt Dudi lächelnd. Wer es einmal gesehen hat, vergisst es nicht wieder.

Er hat recht. Ich nehme ihm die Tasse aus der Hand.

»Wie kann man nur so blöd sein und aus Versehen ein Muster aus Hakenkreuzen auf eine Tasse malen«, sage ich wütend. Mein Gesicht ist heiß vor Scham.

»Aus Versehen?«, sagt Dudis Tochter zweifelnd. Ich sehe sie an. Und mit einem Mal fällt mir die zweite Tasse ein, die ich auf dem Katthult-Hof gekauft habe. Ich hole sie aus dem Schrank und wir beugen uns alle darüber.

»Sieht aus wie ein Orden oder so«, sagt mein Sohn.

Mein Mann googelt Naziorden.

Tatsächlich, die zweite Tasse trägt ein Muster aus lauter Eisernen Kreuzen.

Mein Sohn schaut sein Holzgewehr nachdenklich an: »Vielleicht kann ich daraus Holzmännchen schnitzen?«

Meine Tochter schnieft. »Ich wollte gar keine Mütze«, sagt sie. »Ich hätte viel lieber einen Elch-Schlüsselanhänger gehabt.«

»Was machen wir denn jetzt mit den Tassen?«, frage ich und schaue ratlos in die Runde.

»Macht kaputt, was euch kaputt macht«, sagt Dodis Tochter achselzuckend.

Mein Sohn nimmt sein Holzgewehr und schiebt damit sehr langsam die zwei Tassen zur Tischkante. Er sieht mich fragend an. Ich nicke und schließe die Augen.

Zwei schwedische Porzellantassen zerschlagen auf Kreuzberger Küchenfußboden in tausend Stücke.

»Und jetzt schmeißen wir sie in den Müll«, sagt meine Tochter. Sie wirft ihre Mütze gleich hinterher.

Ich werde weiter daran arbeiten, meinen inneren Nazi zu entsorgen.

Dadam dadam dadadam
oder: Welchen Film ich als Kind sicherlich zu früh geschaut habe

»Sie hat gesagt, sie wolle nur noch mal kurz ins Wasser«, sage ich zu meinem Mann.

»Wer?«

»Diese österreichische Grünen-Politikerin. Sie hat gesagt, sie wolle nur noch mal kurz ins Wasser, und dann hat sie der Hai angegriffen«, sage ich.

Wir stehen in einem Hotelbadezimmer und putzen uns die Zähne.

»Ein weißer Hai«, sage ich.

Mein Mann spuckt Zahnpasta aus.

»Bei Hurghada am Roten Meer.«

»Ägyptn das'n Sinn«, sagt mein Mann und trocknet sich das Gesicht ab.

Wir verbringen die Herbstferien dieses Jahr in Ägypten, in einer Hotelanlage bei Hurghada am Roten Meer und für heute ist ein Schnorchelausflug mit einem Boot geplant. Ich habe diese Informationen über die Haiangriffe bis jetzt für mich behalten. Die Kinder sollten sich nicht fürchten. Aber jetzt, wo es so weit ist, dass wir tatsächlich auf das offene Meer hinausfahren, muss ich es wenigstens meinem Mann sagen.

»Da gibt es so ein Video auf YouTube«, sage ich.

Mein Mann bückt sich, um seine Badehose vom Badezimmerboden aufzuheben, und verharrt ganz plötzlich mitten in der Bewegung.

»Argh«, sagt mein Mann. Die Bewegung sieht sehr unnatürlich aus.

»Argh«, sagt er noch mal. »Mein Rücken«, stöhnt er, jetzt mit sehr gequälter Stimme. »Ich kann mich nicht mehr bewegen.«

Ich schaue ihn mir genauer an.

»Die Bewegung sieht sehr unnatürlich aus«, sage ich. Und ich denke mir, dass er wahrscheinlich nur keine Lust mehr hat auf den Schnorchelausflug im Meer. Im haiverpesteten Meer. Ich denke mir, vielleicht simuliert er nur, und stupse ihn in die Seite. Nur sachte natürlich. Er schließt die Augen, presst die Lippen zusammen und fällt einfach um.

Zum Glück hat er Ibuprofen 800 dabei. Die hat er noch von seinem Bandscheibenvorfall von vor zwei Jahren übrig. Und eine Stunde später steht er mit mir und den Kindern an der Mole, bereit, unser Ausflugsschiff zu besteigen. Er sieht ein bisschen blass aus und hat einen riesigen blauen Fleck am Arm, mit dem er auf dem Badezimmerboden aufgeprallt ist, als ich testen wollte, ob er simuliert.

»Mein Name ist Balu«, sagt ein sehr großer und sehr breiter Ägypter in perfektem Deutsch, als wir alle an Deck Platz genommen haben. Mit uns sitzen ungefähr noch dreißig weitere Deutsche an Deck. Einige junge Paare, fünf Familien mit Kindern, drei ältere Damen und wir vier. Mein Mann, ich und unsere zwei Kinder.

»Und jetzt ein Paar Regeln, bevor wir ins Wasser gehen«, sagt Balu. Wir sind inzwischen schon eine halbe Stunde auf das offene Meer hinausgefahren und haben in der Nähe eines Riffes den Anker ausgeworfen. In etwa fünfzig Metern

Entfernung ankern noch zehn weitere, ähnlich große Ausflugsboote.

»Es ist wichtig, dass wir im Wasser zusammenbleiben«, sagt Balu und meine zwölfjährige Tochter schaut mich mit ängstlichen Augen an.

»Damit wir nicht aus Versehen zurückgelassen werden?«, fragt mein Sohn. Balu schaut ihn erstaunt an.

Einer der Familienväter wirft meinem Mann und mir einen sehr kritischen Blick zu. Ich habe den Kindern vor einigen Monaten den Plot vom Film *Open Water* erzählt. Da waren wir aber in den Bergen wandern. Keine hohe See weit und breit. In dem Film *Open Water* wird ein Pärchen bei einem Tauchausflug aus Versehen im offenen Meer zurückgelassen, weil niemand merkt, dass sie nicht wieder mit an Bord gekommen sind.

»Nein«, sagt Balu. »Damit ihr nicht zu einer anderen Gruppe schwimmt und am Ende auf dem falschen Boot landet.«

Wegen der Haie, denke ich und werfe meinem Mann vielsagende Blicke zu. Der schüttelt den Kopf und verdreht die Augen. Aber seine Bewegungen sehen sehr steif aus.

»Ich rufe also immer ›Balu‹, wenn ich weiterschwimme, sodass ihr wisst, wo ich bin und wo ihr hinsollt«, erklärt Balu. Alle nicken.

»Außerdem seid vorsichtig, wenn wir über die Korallenriffe schwimmen. Die Korallen sind sehr scharf und man kann sich sehr leicht daran verletzen.«

Wir sollen vorsichtig sein wegen des Bluts, denke ich. Das lockt die Haie an.

Nachdem wir unsere Flossen übergestreift und die Taucher-brillen auf den Kopf gesetzt haben, stellen wir uns an den Bootsrand.

»Lass uns vor den Kindern reinspringen«, sage ich noch zu meinem Mann. In dem Gedrängel am Bootsrand sind die Kinder aber plötzlich ganz vorne gelandet.

»Können die Kinder eigentlich schwimmen?«, fragt mein Mann.

Ich drängle mich auch nach vorne, sodass ich mit den Kin-dern springen kann. Gleichzeitig springen die dreißig ande-ren Menschen dicht neben uns ins Wasser. Alle strampeln, alle prusten. Ich wedle mit meinen Flossen, versuche, mich zu orientieren, wo sind die Kinder? Meine Tochter taucht ne-ben mir auf, spuckt den Schnorchel aus und brüllt: »Mich hat was gestochen!«

Die anderen weichen von uns zurück. Alles planscht und platscht, ich bekomme eine Flosse in den Bauch und eine an den Arm. Mittendrin taucht Balus Kopf aus dem Wasser auf. Was macht der denn da? Er wirft irgendetwas ins Wasser.

Meine Tochter schluchzt: »Mich hat was gestochen, Mama.« Plötzlich packt mich jemand von hinten und drückt mich un-ter Wasser. Ich fuchtle wild mit den Armen, um wieder an die Wasseroberfläche zu kommen. Haue der Person, die mich tö-ten wollte, ins Gesicht. Ich habe meinen Schnorchel noch gar nicht im Mund. Es ist mein Sohn. Er versucht, über Wasser zu bleiben, und brüllt jetzt vor Wut, weil ich ihm ins Gesicht geschlagen habe. Gleichzeitig klammert er sich an mich, um über Wasser zu bleiben, und tritt mich mit seinen Flossen.

Ich schaue mich nach meinem Mann um. Keine Spur von ihm, aber die dreißig planschenden Menschen dicht an dicht im Wasser um mich herum erinnern mich an den Untergang der Titanic. An die letzten Momente, bevor die Titanic im Ozean versinkt.

»Clownfisch, Clownfisch«, brüllt Balu und plötzlich sehe ich, dass er blutige Fischstücke in das Wasser wirft. Warum macht er das?

»Warum machst du das?«, brülle ich Balu panisch zu.

»Ich locke die Fische damit an!«, brüllt er zurück. »Ganz viele Fische«, brüllt er. »Große Fische!«

Mein Mann taucht neben mir auf, spuckt den Schnorchel aus und sagt: »Ihr müsst mit dem Kopf unter Wasser. Da sind ganz viele Clownfische.«

Meine Kinder nehmen ihre Schnorchel in den Mund und tauchen ab. Ich verliere eine Flosse.

»Balu!«, brüllt Balu und schwimmt davon. Unsere Gruppe hinterher. Alle wieder dicht beieinander. Weiter vorne sehe ich meinen Mann und die Kinder schnorcheln, ganz nah bei Balu. Ich habe noch gar nicht nach unten geschaut, denke ich und nehme den Schnorchel in den Mund. Gerade als ich einen Blick unter Wasser wagen will ...

»Muräne!«, brüllt Balu.

Mein Kopf schnellt wieder nach oben.

Muränen sind Raubtiere. Sicher ähnlich gefährlich wie Haie. Und der blutige Fisch, den Balu zum Anlocken benutzt hat, hat die sicher auch angelockt.

»Muräne!«, brüllt Balu wieder und fuchtelt mit den Armen. Was will er damit sagen? Sollen wir uns die Muränen anschauen? Oder sollen wir fliehen?

Ich strample und plansche und platsche mich ohne Rücksicht auf die umherschwimmenden Menschen zu meiner

Familie durch. »Muräne«, brülle ich. Jetzt ist es mein Sohn, der am Schluchzen ist. Er hat mehrere Flossen in den Bauch bekommen und viel Wasser geschluckt. Er klammert sich an meinen Mann. Meine Tochter schluchzt nicht, sieht aber sehr verstört aus. Auch sie klammert sich an meinen Mann. Der wedelt mit den Flossen, um über Wasser zu bleiben. Aber es sieht sehr verkrampft aus.

»Muräne«, brüllt Balu jetzt etwas weiter weg.

»Wir müssen bei Balu bleiben«, sagt meine Tochter und bricht jetzt auch in Tränen aus. »Sonst werden wir hier vergessen.« Beide Kinder heulen laut auf. Mein Mann wedelt mit verkrampftem Gesicht mit den Flossen.

Es wäre vielleicht gut, bei nicht so vielen planschenden Leuten zu sein, wenn die Haie oder die Muränen angreifen, denke ich. Bei dem Geplansche ist ja klar, dass es hier was zu holen gibt.

»Balu«, brüllt Balu jetzt fünfzig Meter weiter links.

Auf der anderen Seite ist es sehr unwahrscheinlich, von einem Hai in dieser Menschenmenge erwischt zu werden. Dazu gibt es viel leckerere Menschen in der Gruppe. Hier zu viert allein geben wir doch ein eindeutiges Ziel ab.

»Balu!«, brülle ich und wedle mit den Armen.

Die Gruppe wendet und kommt auf uns zugeschwommen.

»Balu«, brüllt Balu hundert Meter weiter links.

»Balu«, rufe ich wieder und schwimme mit der Gruppe in Richtung Ausflugsboot.

Wieder an Bord begutachten wir unsere Verletzungen. Besonders mein Mann wird wegen seines blauen Flecks am Arm bemitleidet. Mein Sohn hat ein blaues Auge von meinem Schlag ins Gesicht und einige Schrammen an den Beinen von den scharfkantigen Schwimmflossen der anderen. »Gut, dass die Schrammen nicht blutig sind«, sagt der Familienvater, der uns vorher so kritisch angeschaut hat. »Das hätte sonst Haie anlocken können.«

Ich schaue meinen Mann triumphierend an. »Da war doch diese Österreicherin vor drei Monaten, die von einem Hai angegriffen wurde. Sie wollte nur noch mal kurz ins Wasser«, sagt er. Meine Kinder schauen ihn mit großen Augen an und ich bedeute ihm mit einer wedelnden Hand aufzuhören. Aber zu spät. Da hat er schon sein Handy in der Hand und zeigt allen das YouTube-Video.

Drei traumatisierende Minuten später, kurz vor dem Anlegen fragt mich meine Tochter: »Wo ist eigentlich Balu?« Ich zucke mit den Achseln. Aber vergessen wird den schon niemand haben.

Die Kritiker der Elche
waren früher selber welche ...

»Dürfen wir die Elche füttern?«, frage ich, als mir die junge Frau am Eingang des Elchparks einen halben Birkenstrauch in den Arm drückt. Ich bin mit meiner Familie im Sommerurlaub in Schweden. Es ist schon die zweite Woche und wir haben noch keinen Elch gesehen.

Jedes Mal, wenn sich eines der Kinder darüber beschwert, dass wir noch keinen einzigen Elch gesehen haben, sagt mein Mann: »Die schärfsten Kritiker der Elche waren früher selber welche.« Jedes Mal. Und es passt nie.

Dass ich froh bin, dass wir noch keinen Elch gesehen haben, verschweige ich. Auf einer Fahrt zurück zu unserem Ferienhaus habe ich nämlich gelesen, dass man unbedingt versuchen sollte, einen Bogen um die Elche zu machen, sollten sie einem über die Fahrbahn laufen. Als ich das meinem Mann vom Beifahrersitz aus sagte, schaltete sich meine zwölfjährige Tochter ein: »Schon klar, man will den Elch ja nicht umfahren.«

»Bei Rehen soll man aber nicht anhalten«, sagte mein Mann, bevor ich ihn stoppen konnte.

»Wieso nicht?«, fragte meine Tochter.

Wahrscheinlich hat mein Mann recht, dass man Kinder nicht anlügen sollte, aber ich würde meine Kinder gerne manchmal noch ein bisschen länger vor den Grausamkeiten des Lebens schützen.

»Wenn man auf der Autobahn eine Vollbremsung wegen eines Rehs macht, fährt einem ziemlich sicher das nächste Auto mit voller Wucht hinten drauf und das ist lebensgefährlich«, erklärte mein Mann. »Deshalb soll man lieber im gleichen Tempo weiter darauf zufahren.«

»Und das Reh?«, fragte meine Tochter. Ihre Stimme zitterte.

»Gulasch«, sagte mein achtjähriger Sohn. Er weiß, wie er seine Schwester ärgern kann, aber als ich in den Rückspiegel schaute, sah ich, dass auch er ein bisschen blass war.

»Und wieso ist das beim Elch anders?«, fragte mein Mann. »Ist der Elch geschützt?«

»Tatsächlich soll man einen Bogen um den Elch machen oder bremsen, nicht um ihn zu schützen, sondern sich selber«, fasste ich den Abschnitt im Buch zusammen. »Der Elch ist so groß und so schwer, dass das Auto und seine Insassen beim Zusammenstoß mit ihm ziemlich sicher den Kürzeren ziehen würden.«

»Wann sehen wir endlich einen Elch?«, brüllte mein Sohn. »Die schärfsten Kritiker der Elche«, sagte mein Mann, »waren früher selber welche.«

Ich fand dann später einen Elchpark in der Nähe unseres Ferienhauses.

»Wir dürfen die Elche auch füttern«, sage ich meiner Tochter und drücke ihr den halben Birkenstrauch in den Arm. Die junge Frau vom Eingang gibt mir daraufhin einen neuen Strauch. Auch mein Sohn und mein Mann bekommen je einen.

»Dürfen wir die Elche auch streicheln?«, erkundigt sich meine Tochter. Ich frage die junge Frau auf Englisch. »Natürlich«, sagt sie begeistert. Sie zögert kurz, dann ergänzt sie: »Aber vielleicht wollen Sie sich danach die Hände waschen, sie haben ein sehr fettiges Fell.« Sie verzieht das Gesicht dabei ein wenig.

Fettig, denke ich. Igitt. Ich weiß nicht, ob ich Elche streicheln will.

»Natürlich dürfen wir sie streicheln«, sage ich zu meiner Tochter. Sie strahlt.

Beladen mit unseren insgesamt zwei ganzen Birkensträuchern machen wir uns auf den Weg. »Gleich beginnt die kommentierte Fütterung«, ruft uns die junge Frau noch auf Englisch nach.

»Gleich beginnt die kommentierte Fütterung«, sage ich zur Familie.

»Was ist eine kommentierte Fütterung?«, fragt mein Sohn. »Ich will keine kommentierte Fütterung«, sagt er.

»Die schärfsten Kritiker der Elche waren früher selber welche«, sagt mein Mann und geht voran zu der uns angewiesenen Stelle, wo die kommentierte Fütterung stattfinden soll. Dort warten schon zwanzig Erwachsene und zwölf Kinder, ein Traktor mit einer Ladung Kartoffeln im Anhänger und Sven, der Elchbauer.

Als wir uns mit unseren Birkenzweigen dazustellen, räuspert sich Sven. Er scheint nur noch auf uns gewartet zu haben.

»Mein Name ist Sven und ich bin hier der Elchbauer«, sagt Sven auf Deutsch. »Und das sind meine Elche«, sagt er und macht eine ausladende Bewegung mit der Hand und auf einmal sehe ich, dass wir direkt neben einem Gehege mit ungefähr zehn Elchen stehen. Ein paar der Kinder verfüttern sogar schon ihre Birkensträucher an die Elche.

Sven nimmt eine Kartoffel vom Anhänger. Er hält sie einem großen Elch hin, der neugierig seinen Kopf durch den Zaun gesteckt hat. Der Elch ist etwa zwei Meter groß und ganz Nase.

Der Elch nimmt sich die Kartoffel vorsichtig mit vorgeschobenen Lippen aus Svens Hand. Mein Sohn greift sich auch eine Kartoffel und wirft sie dem Elch vor die Füße. Ein paar andere Kinder machen es meinem Sohn nach und sofort liegen einige Kartoffeln am Boden.

»Nein«, sagt Sven streng. »Nicht so. Elche sind sehr saubere Tiere. Sie essen nichts vom Boden. Außerdem können sie nicht abbeißen.«

Erneut nimmt er eine Kartoffel und gibt sie einem Elch, der neben dem großen steht. »Das ist Oke«, sagt Sven. »Das ist mein bester Freund. Er ist schon sehr, sehr alt«, sagt er und streichelt ihm die Schnauze. Oke ist etwa einen halben Meter kleiner als der große Elch, hat aber eine noch größere Nase. Mein Sohn streckt seine Hand aus und streicht Oke auch über die Schnauze. Sven schaut ihn jetzt anerkennend an. Plötzlich will jeder einen Elch streicheln. Viele Hände werden durch die Zäune gestreckt und viele große Elchnasen werden getätschelt.

Plötzlich zieht mein Sohn die Hand weg und verzieht angeekelt das Gesicht. »Iiiihhh, der ist ja ganz fettig!«, ruft er. Viele Hände zucken gleichzeitig zurück.

»Elche haben sehr talgiges Fell, dafür riechen sie aber nicht«, sagt Sven. »Sie können nicht gewittert werden. So können sie sich für ihre Erzfeinde, die Wölfe, fast unsichtbar machen. Meine Frau sagt immer, ich röche sehr viel mehr als alle Elche hier zusammen.« Ein paar Erwachsene kichern. Sven verzieht keine Miene. Und ich sehe, wie mein Sohn, der neben Sven steht, ein bisschen an ihm schnuppert.

»Der Tierarzt wollte Oke schon einschläfern, aber er ist doch mein bester Freund«, sagt er und gibt Oke eine Kartoffel.

Er erklärt uns den Rest der Herde. Da gibt es die zwei Kühe Klara und Inga und die drei Jungtiere Gunnar 1, Gunnar 2 und Gunnar 3. Meine Tochter verfüttert währenddessen eine Kartoffel nach der anderen an Oke, den alten Elch. Mein Sohn versucht, sich heimlich die fettige Hand an der Hose seines Vaters abzuwischen.

»Wie lange trägt denn eine Elchkuh?«, fragt eine Frau mit Hamburger Dialekt, die gerade dabei ist, ihre Hand mit einem Desinfektionstuch zu reinigen. Auch sie hat einen Elch gestreichelt, wie es scheint.

»Tragen?«, fragt Sven verständnislos.

»Wie lange die Kuh ihr Kind im Bauch hat«, konkretisiert die Hamburgerin.

»Aaah«, sagt Sven und seine Augen fangen an zu leuchten.

Und schon beginnt er, sehr ausführlich das äußerst komplizierte Paarungsverhalten der Elche zu erklären. Die Elchkuh wäre nur ein einziges Mal im Jahr fruchtbar und dann müsse es funktionieren. Und die Elchkuh würde nie wollen. Nie! Dann erzählt Sven sehr aufgeregt etwas von einer Sexgrube, in welcher die Elchkuh zum Liebesakt vom Elchbullen fixiert werden müsse.

Mein Mann stupst mich mit dem Ellenbogen an und zeigt versteckt auf die Hamburger Fragenstellerin. Sie sieht nicht besonders glücklich aus. Ich sehe, wie sie ihrer etwa fünfjährigen Tochter die Hand aufs Ohr legt. Die Hand, die sie vorher mit dem Tuch sauber gemacht hat. Sie tut so, als würde sie ihr den Kopf tätscheln, aber in Wirklichkeit hält sie ihrer Tochter zumindest ein Ohr zu. Die Hamburgerin scheint das Elchfett nicht gut abbekommen zu haben. Die Tochter sieht jetzt aus, als ob sie sehr viel Gel im Haar hätte.

»Sie müssen sich vorstellen«, sagt Sven, »die ganze Sexualität aufgespart für diesen einen Akt ... Klar, dass der Sex wild ist«, ruft er begeistert. Ein paar Erwachsene scharren mit den Füßen und schauen verlegen zu Boden. Die Tochter der Hamburgerin macht ein angeekeltes Gesicht und versucht, die Hand ihrer Mutter vom Ohr zu ziehen, ohne Erfolg.

»Die Elchkuh Klara dahinten«, sagt Sven und deutet zu einer der zwei Elchkühe, die bei näherer Betrachtung etwas zerfleddert aussehen und sehr unbeeindruckt von der ganzen Fütterung im Gras liegen. »Die Klara hat dabei ein Auge verloren.«

Jetzt bin ich versucht, meinem Sohn die Ohren zuzuhalten, aber den interessiert das Ganze gar nicht. Er geht zu seiner Schwester und füttert mit ihr den alten Oke mit Kartoffeln.

»Was sollte man denn tun, wenn man einem Elch in freier Wildbahn begegnet?« Wieder ist es die Hamburgerin, die die Frage stellt. Vielleicht will sie Sven dazu bringen, das Thema zu wechseln.

»Was für einen Frage«, flüstert mein Mann und legt mir liebevoll die Hand auf den Arm. »Groß machen soll man sich bestimmt. Stehen bleiben und groß machen, das soll man bei Kühen oder Pferden.« Erst jetzt merke ich, dass er gar nicht zärtlich meinen Arm streichelt, sondern dass auch er heimlich versucht, das Elchfett loszuwerden. Auch er hat offensichtlich einen Elch gestreichelt.

»Sie sollten so schnell wie möglich wegrennen«, sagt Sven. Die Hamburgerin sieht aus, als wenn sie es bereut, noch eine Frage gestellt zu haben.

»Viele Schweden berichten davon, dass sie von Elchen an-gegriffen wurden«, sagt Sven. Die Tochter der Hamburgerin schaut Sven jetzt mit großen Augen an. Sie hat es geschafft, die Hand ihrer Mutter vom Ohr zu lösen.

»Elche sind an sich nicht böse«, sagt Sven. »Aber ab und zu gibt es einen ultrabösen Elch unter ihnen.«

»Ultraböse«, wiederholt er. »Also unbedingt schnell weg-rennen, wenn Sie einem Elch begegnen. Oder auf einen Baum klettern.«

Meine Tochter zupft mich am Ärmel. »Mama, komm mal schnell«, sagt sie und führt mich zum Zaun, wo sie und ihr Bruder bis gerade eben noch Kartoffeln an den alten Oke verfüttert haben.

Oke steht wackelig auf seinen Beinen und röchelt merk-würdig. Dann geht Oke langsam in die Knie, sinkt zu Boden und stirbt direkt vor unseren Augen.

»Oke ist tot!«, ruft mein Sohn.

Die Tochter der Hamburgerin und alle anderen Kinder kommen angelaufen. Ich hocke mich hin und stecke meinen Arm nach Okes Schnauze aus.

»Oke!«, ruft Sven und kommt angeschlurft. Ich berühre Oke vorsichtig an der Nase. Warm und fettig, genauso wie ich mir das vorgestellt habe.

»Oke ist tot!«, ruft mein Sohn wieder, diesmal mit tränen-erstickter Stimme. Ich ziehe meine Hand weg.

Oke öffnet ein Auge und blinzelt.

»Noch nicht«, sagt Sven.

Mein Mann reicht mir die Hand, um mir hochzuhelfen.

Beinahe glitscht meine Hand aus seiner, so viel Elchfett klebt dran.

»Die schärfsten Kritiker der Elche«, sagt mein Mann und fährt sich mit der fettigen Hand durch die Haare, »waren früher selber welche.«

Erstveröffentlichungsnachweise:

»Lauf, Mama, lauf!« erschien 2017 unter dem Titel »Die Gummimaus« erstmals in der Anthologie »Die Einsamkeit des Hurenkindes« (Periplaneta Verlag, Berlin).

»Doktor Barmeyer« erschien 2018 in der Anthologie »Mit euch möchten wir alt werden: 30 Jahre Berliner Lesebühnen« im Satyr Verlag, Berlin.

»Zwei Tassen im Schrank« erschien zuerst 2024 in der Anthologie »Sind Antisemitisten anwesend? Satiren, Geschichten und Cartoons gegen Judenhass« im Satyr Verlag, Berlin.

»Dadam dadam dadadam oder: Welchen Film ich als Kind sicherlich zu früh geschaut habe« erschien 2024 in einer gekürzten Fassung unter dem Titel »Ägypt'n das'n Sinn?« im Salbader 49.

Satiren, Geschichten und Cartoons gegen Judenhass

Wenn sich die Menschheit schon auf sonst nichts einigen kann, so doch jederzeit darauf, dass an allem immer die Juden schuld sind, selbst am 7. Oktober 2023. Linke und Rechte, Migrationshintergründler und Kartoffeln, Islamisten und Queere, Neonazis, Berufszonis und Dekolonialist*innen stimmen in den schrägen Gesang mit ein.

Doch solche Misstöne bleiben nicht unwidersprochen! Dank einer großzügigen Spende der Weisen von Zion haben sich die scharfsinnigsten und komischsten unter den jüdischen und nicht-jüdischen Autor*innen versammelt, um dem neuen und alten Antisemitismus die Stirn zu bieten – in rund 80 Satiren, Essays, Geschichten, Gedichten und Cartoons. Denn gegen den Hass hilft Lachen, und sei es auch manchmal ein bitteres.

Lea Streisand, Michael Bittner, Heiko Werning (Hrsg.)
SIND ANTISEMITISTEN ANWESEND?
Hardcover, 384 S., 26 EUR, inkl. 20 farbiger Cartoons
ISBN 978-3-910775-18-3

SATYR VERLAG